ANSIEDAD 2

AUTOCONTROL

AUGUSTO CURY

ANSIEDAD 2

AUTOCONTROL

Cómo controlar el estrés y mantener el equilibrio

OCEANO

ANSIEDAD 2
Autocontrol

Título original: ANSIEDADE 2. AUTOCONTROLE

© 2016, Augusto Cury

Traducción: Pilar Obón

Diseño de portada: Estudio Sagahón/Leonel Sagahón
Fotografía del autor: © Instituto Academia de Inteligência

D. R. © 2019, Editorial Océano de México, S.A. de C.V.
Homero 1500 - 402, Col. Polanco
Miguel Hidalgo, 11560, Ciudad de México
info@oceano.com.mx

Primera reimpresión en Océano: marzo, 2019

ISBN: 978-607-527-562-8

Impreso en México / Printed in Mexico

Dedico este libro a

Que aprendas herramientas para controlar tu estrés.
Sin controlarlo, los ricos mendigan el pan de la alegría,
los profesionistas competentes sabotean su creatividad,
las parejas asfixian el amor y se separan en el infierno
    de los reproches,
los niños y adolescentes dejan de aventurarse
    y de reinventarse,
los educadores agotan su paciencia y su capacidad
    de atraer.
Si no controlamos el estrés, nos volvemos verdugos
    de nosotros mismos.

Agradecimientos

Agradezco a todas las personas que han viajado al interior de sí mismas y han utilizado las herramientas para ser, incluso de forma mínima, autoras de su historia.

Aprovecho para agradecer a todos los que vieron la película *El vendedor de sueños*, gran lanzamiento de Warner y Fox, en las pantallas cinematográficas el 22 de diciembre de 2016. El protagonista de *El vendedor de sueños* aprendió, tal como usted verá en este libro, que ser feliz no es tener una vida perfecta, sino usar las lágrimas para sustentar la sabiduría, las crisis para repensar nuestra historia, y las pérdidas para escribir los capítulos más importantes de nuestra vida, cuando el mundo se desmorona sobre nosotros.

Somos Educação y yo agradecemos a todas las personas que se preocupan por el calentamiento global y por formar líderes en la juventud mundial que, por eso, están divulgando y adoptando los libros de la serie Petrus Logus (*Petrus Logus: El guardián del tiempo* y *Petrus Logus: Los enemigos de la humanidad*).

Índice

Prefacio, 15

1. Mentes estresadas, 19
Olvidándose de sí, 19
Observe su nivel de estrés. ¡Escúchese!, 22
Ansiedad saludable y ansiedad enfermiza, 23
La diferencia entre el estrés y la ansiedad, 28

2. Comprender los bastidores de la mente humana:
mecanismos normales y enfermizos, 31
El detonador de la memoria:
    el copiloto de la aeronave mental, 31
El fenómeno del autoflujo: fuente de entretenimiento, 38
Las ventanas de la memoria: almacenes de información, 40

3. El estrés causado por la aceleración del pensamiento, 45
Mentes agitadas, 45

Los asesinos de la emoción, 47
El cerebro estresado reacciona;
    el cerebro tranquilo piensa, 49
Las causas del SPA, 51

4. Las graves consecuencias de la falta de control
del estrés, 59
Error de diagnóstico, 68

5. Herramientas para controlar el estrés, 73
Sea transparente en el territorio de la emoción, 75
Una mente estresada y desconcentrada: mi historia, 76
Mi ruina, 79
Cambiar el juego: el matrimonio del sueño
    con la disciplina, 80
Los líderes se prueban en el estrés, 82

6. Sueños y deseos: diferencias vitales, 85
La emoción estable, 85
Quien nace en una cuna de oro tiene una desventaja
    competitiva, 87
Formación de sucesores: transmitir la biografía,
    ésa es la cuestión, 89

7. El Yo: el gran administrador del estrés, 93
Sin administración de la psique, no hay metas claras, 93
Estadísticas impresionantes, 94
Ganancias relevantes, 97
Paradojas de un Yo inmaduro, 99

Los enemigos de la salud emocional, 101
El increíble sueño de Beethoven, 102

8. Drogas y fobias: combustible para el estrés, 105
Las drogas sabotean los sueños, 105
Fobias: un verdugo estresante, 110

9. Todas las elecciones implican una pérdida, 115
Un gran soñador: el destino no es inevitable, 117

10. El dolor nos destruye o nos construye, 121
El dolor se convirtió en mi maestro, 121
Busque dentro de sí mismo su propia dirección, 124
Un pasaporte para el viaje más fascinante, 126
Los grandes sueños nacen en el caos, 129
Todos tienen su genialidad, 135

11. Resiliencia y la administración del estrés, 137
¡Cuidado con el autocastigo!, 137
Prepárese para las adversidades de la vida, 142

**12. El maestro de maestros en la administración
del estrés, 147**
El más extraordinario maestro de la emoción, 147

13. La vida: un espectáculo de placer o de estrés, 157
Vivir es un contrato de riesgo, 157
El drama es lo poético: ejemplos de líderes que no
      se doblegaron al caos, 158

Sordos a las súplicas de un cerebro estresado, 162

¡Máquinas de pensar y trabajar, despertad!, 165

Referencias bibliográficas, 169

Carta abierta a los padres y profesores, 171

Prefacio

El impacto del estrés

El libro *Ansiedad: cómo enfrentar el mal del siglo* se convirtió en uno de los más leídos de este siglo en Brasil. Las personas comprendieron que pensar es bueno, pero pensar demasiado, sin administración, es una bomba para la salud emocional. El Síndrome del Pensamiento Acelerado afecta a los niños, a los adolescentes y a los adultos de todo el mundo de forma "epidémica".

En este nuevo libro seguiremos hablando sobre los diversos trastornos ligados a la ansiedad, como las fobias, los celos, el agotamiento del planeta emoción, y discutiremos también sobre el autocontrol.

Hoy en día, los niños de siete años tienen más información que los emperadores romanos o los filósofos de la Antigua Grecia, lo cual los lleva a padecer de una agitación mental sin precedentes, que incluso se asemeja con síntomas de hiperactividad y que ha confundido a los médicos de todo el mundo, conduciéndolos a recetar, en forma errónea, medicamentos para la obediencia. Es necesario enseñarles a tener autocontrol. Los adolescentes corren el riesgo no sólo de enviciarse con las drogas, sino también con las redes sociales: un día sin ellas o sin celular les provoca crisis de ansiedad; además, tienen un bajo umbral para la frustración, por eso deben aprender a tener autocontrol. Los adultos sufren por anticipado, o se la pasan considerando pérdidas y dolores. Ellos también necesitan con urgencia aprender a trabajar con las herramientas que les permitan ser administradores de su mente. En caso contrario, aprisionados por el miedo al futuro o por las decepciones del pasado, contaminarán el presente, que es el único momento en que es posible tener una mente libre, una emoción saludable, y ser en verdad feliz y relajado.

El peor esclavo no es quien es sometido por fuera, sino quien no es libre por dentro. El peor prisionero no es el que está encerrado en cárceles de máxima seguridad, sino el que está atrapado en su propia mente. El más pobre no es el que está endeudado, sino el que mendiga el pan de la alegría. La persona más presionada no es la que tiene grandes metas en el trabajo, sino la que es implacable consigo misma, incapaz de relajarse y de reírse de su simpleza, de su incoherencia y de sus fobias.

Antes de que una empresa quiebre, sus ejecutivos pierden la capacidad de reinventarse. Antes de que una relación de pareja, entre padres e hijos, entre líderes y ciudadanos entre en decadencia, la administración del estrés ya se fue a la bancarrota. Antes de que el cuerpo colapse, el cerebro grita su agotamiento.

Un individuo puede administrar con eficiencia una empresa con miles de trabajadores y, al mismo tiempo, administrar su mente en forma desastrosa, siendo rehén de su pasado, sufriendo por el futuro, exigiéndose a sí mismo en exceso, sobrevalorando los detalles, siendo hipersensible a las críticas, las habladurías, los rumores. Administrar la mente es, sobre todo, protegerla; sin embargo, para ello es necesario colocar el control del estrés en el nivel más alto de nuestras prioridades.

Las investigaciones internacionales revelan que, en la actualidad, más de 70 por ciento de las personas están estresadas, asfixiando su salud psíquica, su inventiva, su osadía, su flexibilidad, su capacidad de dar respuestas inteligentes bajo tensión. Vivir estresados, atrincherados, en estado continuo de alerta, nos lleva a reaccionar de manera rápida e improvisada.

Jamás se olvide de que una persona moderada tiene mayor capacidad de contribuir a formar mentes maduras. Una persona bien resuelta y relajada tiene mayores posibilidades de hacer a los demás felices y saludables. Por otro lado, una persona ansiosa tiene más probabilidades de agotar a quienes la rodean. Una persona emocionalmente estresada tiene más probabilidades de estresar a quien ama. Los educadores que no saben lidiar con la frustración enferman a su escuela; los padres agitados enferman a su familia; los líderes impacientes asfixian la sustentabilidad de su empresa; los jóvenes irritables sabotean su futuro al querer todo rápido.

AUGUSTO CURY,
mayo de 2016

1

Mentes estresadas

¿Está usted dominado por una mente agitada e hiperpensante? ¿Qué hace con sus pensamientos perturbadores? ¿Cómo lidia con dolores o culpas? ¿Cómo reacciona ante los fantasmas que ensombrecen su emoción, como fobias, celos, preocupación excesiva por la opinión de los demás y por el futuro?

En mi libro *Holocausto nunca mais* (Holocausto nunca más) describo los bastidores de la Segunda Guerra Mundial, las miserias neuróticas que controlaban a Adolfo Hitler y los horrores de los campos de concentración. Pero lo que no percibimos es que en la actualidad hay un campo de concentración en la mente humana, construido por el sistema social y, en especial, por nosotros mismos, que nos encarcela, nos aterroriza y nos agota. ¿Usted es en verdad libre en el territorio de su emoción, o vive en un estado de aprensión, estancado en el fango de las preocupaciones? Para usted, ¿el futuro es un jardín de oportunidades o un campo de estrés que lo hace sufrir por anticipación? No es posible controlar el estrés y encontrar un mínimo de equilibrio emocional si usted se abandona en el camino.

> *No es posible controlar el estrés y encontrar*
> *el mínimo de equilibrio emocional si usted*
> *se abandona en el camino.*

Excelentes médicos, psicólogos, profesores, ejecutivos, abogados y otros profesionistas son inmejorables cuidando de sus instituciones, pero pueden ser pésimos en cuidar de su propia salud emocional. Nunca se preocuparon por proteger su memoria, administrar sus pensamientos, su emoción y su estrés. No entienden que aunque la sociedad los abandone, hiera o calumnie, todavía es posible salir adelante; pero si ellos mismos se desamparan, no habrá suelo dónde pisar.

Vivimos comprimidos entre miles de personas en escuelas, empresas, congresos, ferias, reuniones y, sin embargo, nunca hemos estado tan solos. Estamos cerca, pero mucho más distantes unos de otros. Abrazamos a nuestros hijos, alumnos, compañeros, colaboradores, pero no nos interesamos por conocer sus capas más profundas.

La mayoría de los padres jamás han conversado con sus hijos sobre las profundidades de la mente, los fantasmas que los ensombrecen, los miedos que secuestran su tranquilidad, las lágrimas que nunca tuvieron el valor de derramar.

Innumerables parejas prometieron, ante un sacerdote, que se amarían por siempre: en la salud y en la enfermedad, en la pobreza y en la riqueza. Nada tan bello y al mismo tiempo tan ingenuo. Se olvidaron de prometer que se exigirían menos y se abrazarían más el uno al otro, que criticarían menos y elogiarían más. No entendieron que el amor necesita ser inteligente para tener estabilidad. Amaron según el poema de Vinícius de Moraes: "Que sea eterno mientras dure", sin comprender que basar un romance sólo en la emoción significa tener un amor no sustentable.

La administración del estrés y la emoción claman por otra tesis, más penetrante y profunda: "Que el amor sea eterno mientras se cultive". Dialogar sin miedo a las barreras, promover, inspirar, tener buen humor, no sentir la necesidad neurótica de cambiar al otro, son formas inteligentes de cultivar el amor. Sin admiración mutua, incluso el romance más ardiente se convierte en una fuente de estrés y no de placer. Y lo más importante: un ser humano no debe relacionarse con otro para ser feliz; necesita ser feliz y estar bien resuelto primero, para después sustentar la salud psíquica y la relación con quien ama.

Pero la más insidiosa soledad es aquella en la que nos hallamos nosotros mismos. Analice si usted se cuestiona, si penetra en la esencia de su personalidad o si, por el contrario, vive en la superficie de su planeta psíquico.

Sin admiración mutua, incluso el romance más ardiente se convierte en una fuente de estrés y no de placer.

OBSERVE SU NIVEL DE ESTRÉS. ¡ESCÚCHESE!

No soportamos una llave goteando, nos sentimos incómodos con las paredes descarapeladas; si nuestro vehículo hace un simple ruido, de inmediato nos damos un tiempo para llevarlo al mecánico. Somos excelentes para percibir defectos externos, pero torpes e irresponsables para notar nuestros defectos internos, en los bastidores de nuestra mente. No percibimos los gritos dramáticos que son síntomas psicosomáticos de una mente estresada. Tardamos en analizarnos.

Por años, nuestro cuerpo grita a través de la fatiga excesiva, del insomnio, de la compulsión por la comida, de los dolores musculares y de cabeza, pero nos mantenemos indiferentes, no nos preocupamos por administrar nuestro estrés. Nos ponemos en el último lugar de nuestra propia lista de prioridades. Algunas personas sólo escuchan la voz de los síntomas cuando van a dar a un hospital, cuando se infartan, cuando ya se convirtieron en víctimas de un cáncer, de un colapso nervioso o de un trastorno emocional.

Millones de personas sólo perciben las consecuencias de haber sido jóvenes emocionalmente inquietos después de que se vuelven adultos frustrados, irritables, con baja capa-

cidad para soportar las contrariedades y luchar por sus sueños. Las parejas sólo logran percibir el fracaso de la relación
cuando ya perdieron el respeto, el buen humor y la capacidad de admirarse entre sí. Los profesionistas sólo consta-
tan las consecuencias de la ansiedad crónica después de
que ya están sobrepasados, perdieron la capacidad de aventurarse, de reinventarse y de pensar en nuevas posibilidades, en fin, cuando ya fueron secuestrados por el miedo al
futuro.

Hablando de secuestro, en el ámbito social, las personas
más susceptibles de ser secuestradas son las acaudaladas,
las ricas, las famosas. Sin embargo, en el ámbito psíquico,
todo ser humano, sea rico o pobre, celebridad o anónimo,
intelectual o iletrado, puede ser secuestrado por el estrés,
por las fobias, por el humor depresivo, por la impulsividad,
por el sentimiento de culpa, por el autocastigo, por la necesidad neurótica de preocuparse por los otros.

¿Usted está secuestrado por sus pensamientos? Sea inteligente: ¡respétese, opte por la vida! Pero no se castigue si
hasta hoy usted ha sido excelente con los demás y pésimo
con usted mismo. Reinvéntese.

ANSIEDAD SALUDABLE Y ANSIEDAD ENFERMIZA

La ansiedad es un estado de tensión que nos impulsa, nos
motiva, nos anima, nos provoca reacciones. Por lo tanto, la
ansiedad es primordialmente saludable. Sin ella tendríamos
una mente inflexible, encarcelada por ella misma, víctima

del aburrimiento. No tendríamos curiosidad, el placer de explorar, de correr riesgos, de construir nuevas relaciones.

Entonces, ¿cuándo la ansiedad se vuelve enfermiza? Cuando presenta síntomas psíquicos negativos, continuos e intensos, como irritabilidad, humor depresivo, angustia, bajo umbral para las frustraciones, fobias, preocupaciones crónicas, aprensión continua, obsesión, velocidad exacerbada de los pensamientos.

Existen varios tipos de ansiedad: fobias, síndrome de pánico, trastorno obsesivo compulsivo (TOC), trastorno de ansiedad generalizada (TAG), síndrome de *burnout* (estrés profesional), síndrome del pensamiento acelerado (SPA), síndrome del patrón inalcanzable de belleza (PIB), etcétera.

La ansiedad es primordialmente saludable.
Sin ella tendríamos una mente inflexible,
encarcelada por ella misma, víctima del
aburrimiento.

En todos los tipos de ansiedad existe la participación de fenómenos inconscientes que construyen los pensamientos, y que son los ingenieros de los diferentes tipos de ansiedad. Por desgracia, no han sido estudiados en forma sistemática por los grandes pensadores de la psicología, de la sociología, de la pedagogía y de la filosofía, como Piaget, Freud, Jung, Vygotsky, Fromm, Skinner, Sartre, Hegel o Kant.

Sin embargo, tales fenómenos fueron estudiados a lo largo de más de treinta años dentro de la Teoría de la Inteligencia Multifocal (TIM). Una de las dificultades más complejas de la psicología es entender que la construcción de pensamientos es un proceso multifocal y no unifocal. Según la Teoría de la Inteligencia Multifocal, no construimos pensamientos sólo porque queremos, como una decisión del Yo (que representa nuestra capacidad de elección y la consciencia crítica); existe también una rica producción de pensamientos promovida por fenómenos inconscientes: el detonador de la memoria, el autoflujo y las ventanas de la memoria.

Si el Yo tuviera plena libertad para manejar el vehículo mental, no sería un masoquista, no sufriría por anticipado, no estaría pensando en sus desafectos, no gravitaría en la órbita de las preocupaciones. Pero el Yo no está solo en la aeronave mental. Hay copilotos que lo ayudan a dirigirla. Y, sin los copilotos, no seríamos una especie pensante, compleja, imaginativa; por otro lado, y debido a ellos, somos una especie sujeta a muchas prisiones, más numerosas que los presidios construidos por la sociedad.

Por ejemplo, sin el detonador y las ventanas de la memoria, usted no entendería una palabra de este libro. A cada pasada de ojos, el detonador dispara, en la corteza cerebral, innumerables ventanas o archivos, que se abren y verifican millones de datos para que usted entienda cada verbo, cada sustantivo, cada pronombre. No es el Yo, el piloto, quien realiza esa magna y fina tarea, sino los copilotos.

Sin embargo, si el detonador se encuentra con una ventana *killer* o traumática, que contiene fobias, cierra el circuito de la memoria, haciendo que el ser humano entre en crisis, por ejemplo, al hablar en público (fobia social), al salir de casa (agorafobia), al verse en lugares cerrados (claustrofobia), o ante nuevas tecnologías (tecnofobia). La construcción multifocal de pensamientos vuelve al *Homo sapiens* mentalmente sofisticado, incluso para construir prisiones mentales de máxima seguridad.

Si el Yo no produce pensamientos en una dirección lógica, el resto de los fenómenos podrá hacerlo, provocando diversos niveles y tipos de ansiedad, dependiendo de la calidad o de la velocidad de los pensamientos producidos. A pesar de depender de los segundos actores, el Yo es, o debería ser, el administrador global de nuestra mente. El gran desafío del Yo es educarse para administrar la ansiedad iniciada por los fenómenos inconscientes que nutren preocupaciones, obsesiones, tristeza, pesimismo, pensamiento acelerado. Su gran meta es salir del auditorio, de la condición de espectador pasivo, y subir al escenario para dirigir su guion, tener autocontrol, pensar antes de reaccionar, abrir las ventanas para dar respuestas inteligentes.

> *El gran desafío del Yo es educarse para administrar la ansiedad iniciada por los fenómenos inconscientes que nutren preocupaciones, obsesiones, tristeza, pesimismo, pensamiento acelerado.*

La ansiedad enfermiza se manifiesta en cuatro grandes áreas:

1. Genética/metabólica. Los neurotransmisores y otras sustancias, incluyendo las drogas psicotrópicas, alteran el metabolismo cerebral, excitando el territorio de la emoción y generando agitación mental (hiperactividad), tensión, irritabilidad o, en algunos casos, lentitud, letargo, alienación. Ese tipo de ansiedad, al ser metabólica, es la única que no tiene una relación directa o indirecta con la actuación del Yo o los fenómenos inconscientes que leen la memoria y construyen pensamientos y emociones.

2. Personalidad. Privaciones, abusos, fobias, pérdidas, frustraciones, traiciones, envidia, celos, timidez, sentimiento de incapacidad; todos esos fenómenos tienen la participación del Yo y de los fenómenos inconscientes. Por ejemplo, una traición, registrada por el fenómeno del Registro Automático de la Memoria (RAM), forma una ventana traumática. En el futuro inmediato, el fenómeno del detonador de la memoria tendrá acceso a esa ventana, fijada por el ancla de la memoria, retroalimentada por el autoflujo y probablemente nutrida por el Yo.

3. Socioprofesional. Exceso de trabajo, presiones, quejas, metas inalcanzables, ofensas, miedo al futuro, crisis política, dificultades financieras, presión por los exámenes escolares. Con frecuencia vivimos en familias ansiosas, empresas ansiosas, escuelas ansiosas.

4. Estilo de vida moderno. Trabajo intelectual intenso, exceso de información, tiempo prolongado ante
el televisor, exceso de preocupación, uso extremo de
smartphones y de internet, consumismo, necesidad
neurótica de poder, de aprobación social, de preocuparse por la estética. No es necesario que hayamos
experimentado traumas en la infancia para desarrollar conflictos cuando somos adultos. El mismo estilo
de vida moderno es en extremo ansioso y estresante.

Pero ¿en qué universidad los alumnos entrenan a su Yo para
dirigir el vehículo mental? Formamos médicos, ingenieros,
abogados, pero no formamos administradores de la psique.

Incluso si usted nunca ha actuado en un escenario de
teatro, debe poder actuar en el escenario de su mente. Pero
en el teatro de la mente no se admiten aficionados. Por desgracia, mil millones de seres humanos lo son. Por eso, no
es sorprendente que los estudios señalen que la mitad de la
población mundial desarrollará un trastorno psíquico en
algún momento de su vida. Un número espantoso.

La diferencia entre el estrés y la ansiedad

La ansiedad es un estado de tensión psíquica; el estrés es
un estado de tensión cerebral. Uno es causante del otro, y
viceversa. En muchos casos, durante la ansiedad el pensamiento está acelerado o agitado; en el estrés, esa agitación
mental se traduce en fatiga excesiva que, a su vez, acelera

el pensamiento y no nos permite descansar de forma correcta. En la ansiedad, existe un bajo umbral para soportar las frustraciones, lo que genera irritabilidad. En el estrés, esa irritabilidad puede manifestarse en forma de dolores de cabeza o musculares; y los dolores de cabeza disminuyen todavía más el umbral a la frustración.

> *El estrés es un mecanismo fundamental*
> *de preservación de la existencia.*

Así como existe la ansiedad saludable, existe el estrés vital y saludable, definido como un estado de ansiedad canalizado hacia el metabolismo cerebral, capaz de generar reacciones psicosomáticas (manifestaciones físicas de origen emocional), que preparan al individuo para luchar o para huir en una situación de peligro. El aumento de la presión sanguínea, de la frecuencia cardiaca, de la ventilación pulmonar y de la producción de una serie de sustancias metabólicas, forma parte de un grupo de elementos que preparan al ser humano para preservar la vida ante las amenazas.

Por lo tanto, el estrés es un mecanismo fundamental de preservación de la existencia. Bajo amenaza, el organismo contraataca o se esconde. Cuanto más sofisticado sea el organismo, más complejos serán los mecanismos estresantes.

Por ejemplo, las reacciones de estrés están presentes cuando un hombre se encuentra ante una fiera, o cuando está ante una serpiente. Sin embargo, si un hombre tuviera que enfrentar fieras o serpientes en todo momento, las reacciones estresantes agotarían su cerebro, pues gastan una gran cantidad de energía.

¿Cuándo se considera que el estrés es enfermizo? Cuando produce síntomas frecuentes e intensos. Eso es lo que está sucediendo en las civilizaciones digitales, en la era del smartphone, de internet y de la competencia predatoria. El ser humano no necesita tener un depredador natural tras de sí para perturbarse; el hombre es tan creativo con su psique que crea a ese depredador, por ejemplo, cuando sufre constantemente por el futuro; temer de vez en cuando por lo que todavía no ha sucedido es soportable, pero sufrir todos los días es intolerable. El ser humano intelectualizado, pero cuyo Yo no es un buen administrador de la propia mente, crea fieras y produce serpientes en su imaginación.

De manera peligrosa, accionamos los mecanismos estresantes de preservación de la vida varias veces al día, agotando al planeta cerebro, usurpando sus recursos naturales. Por eso los dolores de cabeza y musculares, la caída del cabello, la hipertensión arterial, la fatiga al despertar forman parte de nuestro menú existencial. El hombre moderno se transformó en su propio depredador. ¿Es usted su mayor verdugo?

El ser humano intelectualizado, pero cuyo
Yo no es un buen administrador de la propia
mente, crea fieras y produce serpientes en su
imaginación.

2

Comprender los bastidores de la mente humana:

Mecanismos normales y enfermizos

El detonador de la memoria:
el copiloto de la aeronave mental

S uelo referirme a los fenómenos del detonador de la memoria y del autoflujo, que explicaré con detalle en este capítulo, como copilotos de nuestra aeronave mental.

Conocerlos es fundamental para entender el estrés que malgasta la energía cerebral y emocional. Armado de ese conocimiento, usted podrá estudiar el control del estrés a partir de una de las fronteras más complejas de la ciencia: el proceso de construcción de pensamientos y de formación del Yo como líder de la psique.

La construcción de pensamientos es el cimiento de la consciencia existencial. Sin la consciencia somos polvo cósmico, sin identidad ni personalidad. Por otro lado, sin la existencia del Yo como líder de la consciencia, somos seres sin autonomía, personalidades sin administración, historias intrapsíquicas sin dirección. En ese caso, agotamos al cerebro de manera desmedida.

La consciencia existencial es tan compleja, que cuando usted sufre, todo el universo sufre; cuando se siente solitario, el universo también está inmerso en el caos de la soledad, por lo menos para su consciencia.

No exagero al decir que la consciencia nos pone en el núcleo de todo, aunque no seamos el centro de importancia. Cuando usted siente el dolor del prójimo, ese dolor ya no es sólo del otro, es suyo también. Cuando usted se estresa, todo a su alrededor resulta afectado. La consciencia existencial le dice al Yo que somos únicos, sin par, aunque tengamos un comportamiento por completo humilde y generoso.

El Yo que, entre otras funciones, representa la capacidad de elección, no está solo en su tarea magistral de construir experiencias psíquicas. Existen dos fenómenos inconscientes, el detonador de la memoria y el autoflujo, que leen la memoria y construyen cadenas de pensamientos. El detonador de la memoria es accionado en milésimas de segundo por un estímulo extrapsíquico (imágenes, sonidos, sensaciones táctiles, gustativas, olfativas) o intrapsíquico (imágenes mentales, pensamientos, fantasías, deseos, emociones) y abre ventanas de la memoria, con lo que se activa una interpretación inmediata. Todo el tiempo, miles de estímulos nos alcanzan y son interpretados con rapidez después de que se acciona el detonador de la memoria y la subsecuente apertura de ventanas.

Este proceso ocurre sin la intervención del Yo. Por lo tanto, nuestras primeras impresiones e interpretaciones del mundo no son conscientes. Asimismo, miles de palabras escritas o habladas son identificadas todo el tiempo por el detonador, que abre múltiples ventanas de la memoria. Por eso ese fenómeno también se conoce como autoverificación de la memoria.

Si para encontrar cada ventana a partir de los estímulos con los que tenemos contacto dependiera del Yo, nuestra respuesta interpretativa inicial no sería tan rápida, y no seríamos la especie pensante que somos. La acción del detonador de la memoria es fenomenal. Usted escucha una palabra y de inmediato sabe su significado, si ya la ha asimilado antes. Tenemos consciencia instantánea de miles de estímulos exteriores. Sin ese fenómeno, el Yo se confundiría y no identificaría la fisonomía de las personas, los sonidos del ambiente, la arquitectura de los edificios, las aplicaciones de los celulares, las palabras de los textos.

El detonador puede perder su función saludable

Si, por un lado, el detonador de la memoria es un gran auxiliar del Yo, por el otro puede causar grandes desastres. Cuando abre ventanas enfermizas o *killer*, conduce a interpretaciones anacrónicas, superficiales o prejuiciosas. Puede, por ejemplo, transformar una mariposa en un monstruo, para quien le tiene fobia, generando una aversión fatal. O puede hacer que una piedra de *crack* se vuelva un objeto de consumo compulsivo para un adicto, generando una atracción fatal. Por lo tanto, el detonador de la memoria, uno de los copilotos del Yo, puede llevar a la aeronave mental a tener graves accidentes.

Quien sufre del síndrome de pánico, aunque no conozca el pacto entre el detonador y las ventanas *killer*, sabe que es algo cruel, esclavizante. Por fortuna, esa trampa mental puede superarse o reeditarse. No es raro que un alumno brillante salga mal en determinado examen y registre esa experiencia como un trauma, o ventana *killer*. Hay jóvenes que, a pesar de haber estudiado y saber la materia, se ponen tan tensos que desarrollan el Síndrome de Circuito Cerrado de la Memoria (sccm), capaz de bloquear la información que aprendieron. Se debilitan y registran esa frustración, expandiendo el núcleo traumático. Cuando llega el día de otro examen, el detonador de la memoria entra en escena y abre la ventana *killer* donde el miedo a fallar está archivado, y cierra de nuevo el circuito de la memoria.

Como consecuencia, esos alumnos pierden la confianza en sí mismos y, muchas veces se les considera, de forma errónea, como indisciplinados, irresponsables e incapaces. Por desgracia, millones de niños, adolescentes y universitarios que podrían brillar en el ámbito social son excluidos porque no logran controlar su estrés ni saben cómo romper la cárcel de las ventanas *killer*.

Uno de mis frentes de batalla es la educación mundial. Lucho porque profesores, psicopedagogos y psicólogos conozcan esta frontera de la ciencia: el proceso de construcción de pensamientos y sus trampas.

Los educadores usan el pensamiento como instrumento para enseñar hasta el agotamiento, pero no estudian la naturaleza, los tipos, los procesos constructivos y la administración de los pensamientos. La mayoría ni siquiera ha oído hablar del Síndrome del Circuito Cerrado de la Memoria. No están preparados para resolver conflictos en el salón de clases. No entienden que para abrir el circuito de la memoria y aliviar el estrés, es vital primero valorar al alumno que se equivoca, y sólo después hacerle reflexionar sobre su error.

Si el circuito se cierra con críticas, comparaciones, tono de voz elevado, el Yo del alumno, que tiene la capacidad de decidir o escoger, pierde la capacidad de acceder a millones de datos que le permitirían dar respuestas inteligentes ante los desafíos, las crisis o los percances de la vida. Aprender a administrar los pensamientos perturbadores y a proteger la emoción hace toda la diferencia para controlar el estrés y alcanzar un punto de equilibrio.

Los educadores usan el pensamiento como instrumento para enseñar hasta el agotamiento, pero no estudian la naturaleza, los tipos, los procesos constructivos y la administración de los pensamientos.

No hay equilibrio pleno

¿Existen personas plenamente equilibradas? No. Usted, yo o cualquier otro ser humano jamás seremos equilibrados por completo, porque cada pensamiento se organiza, experimenta el caos y se reorganiza en otros pensamientos, lo que pone en evidencia que la psique humana está en constante "desequilibrio" en cuanto a su proceso constructivo. Ese desequilibrio es normal.

Pero una cosa es el desequilibrio del proceso constructivo de los pensamientos y de las emociones, y otra es el desequilibrio de la administración de nuestras reacciones, actitudes y respuestas por parte del Yo. Este tipo de desbalance es enfermizo y expresa la incapacidad del Yo como administrador psíquico.

Fundamentado en la Teoría de la Inteligencia Multifocal y en más de 20 mil sesiones de psicoterapia y consultas psiquiátricas, me siento seguro en afirmar que todos tenemos desequilibrios en la administración por parte del Yo. ¿Por qué? A causa de las trampas que existen en los bastidores de la mente, por complot entre el detonador y las ventanas *killer* o traumáticas que desarrollamos en el transcurso de la vida y, en especial, debido a que nuestro Yo no está educado ni preparado para administrar la psique. La empresa más compleja, la mente humana, tiene un bajo nivel gerencial; el vehículo más sofisticado, la emoción, no tiene un buen piloto. ¿Cómo no enfermarnos? ¿Cómo no estresarnos?

Nuestro Yo, que representa la consciencia crítica y la capacidad de elección, posee una formación frágil, insegura, reactiva (responde al fenómeno acción-reacción, que actúa en modo de contraataque) y no tiene la capacidad para proteger la memoria y la emoción. Por eso, la persona más serena tendrá sus momentos de estrés angustiante, así como el ser humano más coherente tendrá algunas reacciones insensatas que dejarán perplejas a las personas cercanas.

Reitero: todos experimentamos desequilibrios. Sin embargo, quiero dejar bien en claro que las personas desequilibradas en exceso, que son impulsivas, fluctuantes, punitivas, irritables, críticas en exceso, causan desastres en la sociedad, en la familia, en la escuela, en el trabajo; se vuelven una fuente de conflictos, un depósito de estrés. Si usted presenta esas características, no se abandone a sí mismo; entrénese para ser autor de su historia. Incluso quien haya causado muchos accidentes emocionales puede prepararse y volverse un oasis en el desierto social, aliviando el sufrimiento de sus seres más amados.

Todos experimentamos desequilibrios. Pero las personas desequilibradas en exceso causan desastres en la sociedad, en la familia, en la escuela, en el trabajo; se vuelven una fuente de conflictos, un depósito de estrés.

Siempre que tengo la oportunidad de hablar con profesores y psicólogos en mis conferencias alrededor del mundo les pregunto si se exigen de más a sí mismos o a los otros. En promedio, 20 a 30 por ciento de los profesionistas dicen que sí. Sin embargo, el porcentaje es todavía más elevado, sin importar el lugar: en Estados Unidos, en Colombia, en España o en Dubái. La gran mayoría de esos profesionistas señala que es exigente y hasta punitiva consigo misma.

Quien se exige demasiado a sí mismo sabotea su tranquilidad, nutre su estrés. Quien se demanda mucho eleva, sin percibirlo, sus niveles de exigencia para ser feliz, realizado, relajado. Rara vez está satisfecho, alegre, desestresado. Las personas así son como boxeadores que acaban de ser noqueados en un ring y, en vez de interrumpir la pelea y recuperarse, se levantan para seguir siendo golpeados. Para mí es extraño y perturbador constatar que profesionistas notables son los que más sabotean su salud psíquica y su placer de vivir.

Quien se exige demasiado a sí mismo sabotea su tranquilidad, nutre su estrés. Quien se exige mucho eleva, sin percibirlo, sus niveles de exigencia para ser feliz, realizado, relajado.

EL FENÓMENO DEL AUTOFLUJO: FUENTE DE ENTRETENIMIENTO

Mientras que el Yo hace una lectura lógica, dirigida y programada de la memoria, aunque incoherente y carente de profundidad, el autoflujo lleva a cabo un barrido inconsciente, aleatorio, no programado de los más diversos campos de la memoria, produciendo pensamientos, imágenes mentales, ideas, fantasías, deseos y emociones en el ámbito psíquico. Crea los pensamientos que nos distraen, las imágenes mentales que nos animan, las emociones que nos hacen soñar.

Con el autoflujo nos convertimos en viajeros sin compromiso con el punto de partida, con la trayectoria y con el punto de llegada. A diario, cada ser humano gana varios "boletos" para viajar por los pensamientos, por las fantasías, por el pasado, por el futuro.

Nuestro Yo vive sorprendido por la creatividad de nuestra mente. ¿El responsable? El fenómeno del autoflujo, que mantiene vivas las construcciones intelectuales y emocionales a cada momento existencial. Un presidiario, por ejemplo, tiene el cuerpo confinado detrás de las rejas, pero su mente está libre para pensar, fantasear, soñar, imaginar; sin ese fenómeno, probablemente el número de suicidios entre los presos aumentaría significativamente.

Si el autoflujo no fuera adecuadamente libre
y creativo, la persona será triste, incluso
teniendo todos los motivos materiales
para ser feliz.

El autoflujo puede causar problemas, pero sin él moriríamos de aburrimiento, soledad, angustia, entraríamos en depresión colectiva. La meta fundamental de ese fenómeno inconsciente es ser la mayor fuente de entretenimiento humano. Si el autoflujo no fuera adecuadamente libre y creativo, la persona será triste, incluso teniendo todos los motivos materiales para ser feliz; será pesimista, enfermiza, ingrata, ahondará en reclamos, aunque tenga muchas razones por las cuales estar agradecida: éxito, familia, amigos.

Nunca la mente humana estuvo tan estresada como en la actualidad. Algunas personas tienen la mente tan agitada que no son capaces de concentrarse y presentan déficit de memoria. No prestan atención cuando están leyendo un libro (parece que no retienen nada de la lectura) o escuchando a alguien (se ponen a divagar). Esas personas incitaron tanto el fenómeno del autoflujo que se volvieron mentes hiperpensantes, ansiosas, estresadas.

En muchos casos, el punto de partida para la actuación del fenómeno del autoflujo son las ventanas abiertas por el detonador de la memoria. Por ejemplo, cuando alguien que tiene fobia a volar sube a un avión, el detonador se dispara y abre la ventana traumática del miedo a que el avión se caiga. Entonces el fenómeno del autoflujo se ancla en esa ventana enfermiza y produce miles de pensamientos perturbadores, haciendo que el individuo crea que a cada turbulencia, por pequeña que sea, está viviendo los últimos instantes de su vida.

LAS VENTANAS DE LA MEMORIA: ALMACENES DE INFORMACIÓN

Las ventanas de la memoria son territorios de lectura en un determinado momento existencial. En una computadora, es posible acceder a todos los campos de la memoria; pero en la memoria humana, los datos se archivan en áreas específicas, las ventanas, las cuales requieren diversas "llaves" para acceder a ellas. Nuestro gran desafío es abrir el mayor número de ventanas para lidiar con un núcleo de tensión.

Las ventanas de la memoria representan regiones del cerebro en donde el Yo, el detonador, el autoflujo y el ancla de la memoria pueden nutrirse para construir pensamientos. En varios de mis libros comento que existen tres tipos de ventanas, con muchos subtipos. Debemos revelarlos porque son los fundamentos para las ideas que desarrollo.

Ventanas neutras

Corresponden a más de 90 por ciento de todas las áreas de la memoria. Contienen millones de informaciones neutras, con poco o ningún contenido emocional, tales como números, direcciones, teléfonos, información escolar, datos corrientes, conocimientos profesionales y, sobre todo, el contenido de las materias escolares tradicionales: matemáticas, física, química, idiomas, habilidades técnicas.

Quien es cartesiano o lógico en exceso se vuelve un constructor de ventanas neutras, sin relevancia socioemocional; no aprende a pensar antes de reaccionar, a ser generoso, a colocarse en el lugar del otro, a tener resiliencia y osadía para reinventarse. Quien es un manual de reglas de comportamiento, un señalador de fallas y de errores de sus hijos, alumnos, cónyuge o compañeros de trabajo, es apto para lidiar con máquinas, reparar defectos, pero no para formar pensadores. Quien es racional en exceso ahoga el lado emocional del ser humano y se convierte, por lo tanto, en una fuente de estrés para sus seres queridos, pierde el autocontrol y causa que el otro lo pierda también.

Las escuelas demasiado lógicas, cartesianas, que sobrevaloran las ventanas neutras y los exámenes, en detrimento de la educación de la emoción, están preparadas para formar siervos, robots que obedecen órdenes, pero no seres humanos completos, autónomos, que tengan consciencia crítica. Controlar el estrés requiere la formación de personas flexibles, generosas, tolerantes, osadas, especialistas en abrazar más y juzgar menos.

Ventanas killer *o traumáticas*

Corresponden a todas las situaciones traumáticas que vivimos a lo largo de la vida, y registran contenido emocional angustiante, fóbico, tenso, depresivo, compulsivo. Son las ventanas traumáticas o zonas de conflicto. *Killer*, en inglés, significa "asesino"; por lo tanto, son ventanas que controlan, amordazan o asfixian el liderazgo del Yo.

Nadie puede cambiar a nadie: cada uno de nosotros tiene el poder sólo de empeorar al otro, pero no de cambiarlo. Muchos padres, maridos, esposas, profesores, ejecutivos quieren actuar como neurocirujanos, quieren operar la mente de personas tercas, radicales, tímidas, inseguras. Para eso, terminan usando estrategias que forman ventanas *killer* o traumáticas, las cuales estresan mucho y empeoran a los demás. ¿Y cuáles son esas estrategias? Elevar el tono de voz, dar sermones, criticar en demasía, comparar, chantajear. Millones de personas son ingenieras de ventanas *killer*. Y el estrés, ese enemigo atroz, se los agradece.

Ventanas light

Corresponden a todas las áreas de la memoria con contenido placentero, tranquilizador, sereno, lúcido, coherente. Las ventanas *light* "iluminan" al Yo, cimientan su madurez, su lucidez, su coherencia. Contienen experiencias saludables como demostraciones de apoyo, superación, coraje, sensibilidad, capacidad de ponerse en el lugar del otro, de pensar antes de actuar, de amar, de solidarizarse, de tolerar.

Hoy, muchos padres son especialistas en criticar y disminuir a sus hijos, sin saber que ese tipo de actitud obstaculiza el desarrollo de su emoción, asfixiando incluso su capacidad de resiliencia (de soportar las contrariedades) y autocontrol. En mi caso, el elogio siempre forma parte del menú diario de mi relación con mis hijas. Cuando eran niñas y adolescentes, yo las exaltaba cuando tenían comportamientos asertivos. Cuando me decepcionaban, les decía que estaba orgulloso de ser su padre y, enseguida, las hacía pensar en sus actitudes y en las consecuencias. Ellas, claro, se retractaban de inmediato. De esa forma, yo abría los circuitos de sus memorias, y ellas aprendían el difícil arte de ponerse en el lugar de los demás. ¿Cuál era mi objetivo? Educar su emoción para formar ventanas *light*.

Nunca tuve miedo de pedir disculpas a mis hijas, de reconocer mis excesos, pues quería que ellas aprendieran a disculparse también. Nunca tuve recelo de reconocer mis errores, pues soñaba con que ellas entendieran que nadie es digno de la madurez y de la salud emocional si no usa sus fallas y sus fracasos para sustentarla. El resultado de la educación de la emoción es la formación de mentes libres y creativas. Debemos ser ingenieros de ventanas *light*. La administración del estrés lo agradecerá.

3
El estrés causado por la aceleración del pensamiento

En el libro *Ansiedad: cómo enfrentar el mal del siglo*, presento el Síndrome del Pensamiento Acelerado (spa). Debemos volver a hablar sobre él, ya que es causante de un estrés atroz, que agota la energía cerebral. Hay que tener en mente que pensar es bueno, pensar con consciencia crítica es excelente, pero pensar en exceso y sin administración es una bomba contra la salud psíquica. Es probable que muchos lectores tengan esa bomba cerebral, y deban desactivarla lo más rápido posible.

Cierto día, durante el desarrollo de este libro, me encontré a un exfutbolista que había destacado en la selección brasileña de futbol. Comenté con él las trampas del estrés. Le dije que un deportista actúa en dos canchas: en la deportiva y en la mental, en donde ordena sus movimientos. El problema es que, en la cancha mental, puede haber muchas trampas que asfixian el desempeño del deportista.

Si el deportista abre una ventana *killer* o traumática que archiva el miedo a fallar, la autoexigencia, la humillación social; la crítica de la prensa o de sus fanáticos; el volumen de tensión puede ser tan estresante que bloquea miles de otras ventanas, cerrando el circuito de la memoria. En ese caso, el Yo no logra encontrar millones de datos fundamentales para dar flexibilidad, osadía y proactividad al atleta. El Yo deja de ser un deportista en la cancha deportiva y se vuelve una presa en la cancha mental, queriendo huir o luchar contra la situación de peligro, y su desempeño deportivo queda seriamente comprometido. Lo mismo puede ocurrir con un estudiante en la víspera de un examen, con un conferencista durante una ponencia, con un profesionista bajo tensión...

Después de hacer esos comentarios, él me dijo, de manera muy inteligente: "El mejor jugador en la cancha es la emoción". A lo que agregué: "Tener un mínimo de autocontrol sobre la emoción es fundamental para dar lo mejor de nosotros en los momentos de tensión". Él estuvo muy de acuerdo en que, si no administramos la emoción de los deportistas, sus miedos, sus preocupaciones, su autocastigo o su autoexigencia, las trampas mentales bloquearán sus habilidades y los llevarán al fracaso. Como afirmo en el libro *Gestão da emoção* (Administración de la emoción), el entrenamiento del Yo como administrador de la mente no produce nuevas habilidades deportivas, pero prepara el terreno para que las habilidades existentes se ejerzan con plenitud.

Con sinceridad, creo que muchos deportistas, profesionistas independientes, ejecutivos y alumnos no ejercen más de 50 por ciento de su potencial creativo. Pierden el juego en la cancha mental. Una mente hiperacelerada tiene desventaja competitiva; un error, el abucheo de los fanáticos, un pensamiento perturbador asfixian el Yo, lo preparan para huir y no para pensar y competir.

Los asesinos de la emoción

La Teoría de la Inteligencia Multifocal demuestra que, sin actores de reparto, el Yo no se formaría. No sabríamos quiénes somos, no tendríamos identidad, pues, antes de comenzar a tener consciencia de sí mismo, el Yo necesita tener dos millones de pensamientos archivados en la memoria durante los primeros años de vida. ¿Qué o quién produce esos pensamientos? Los actores de reparto ya citados: el detonador de la memoria, el autoflujo, el ancla y las ventanas de la memoria.

Esos fenómenos inconscientes vuelven al *Homo sapiens* complejo en extremo y marcadamente problemático. Cuando estamos navegando en un mar tranquilo y pudiéramos descansar, nuestra mente crea turbulencias. Los millonarios que están en condiciones de gozar de la vida crean en su mente enfermedades, preocupaciones y miedos, aunque su salud sea excelente. Muchos reyes tuvieron todos los motivos para ser muy felices, pero se inventaron enemigos mentales. ¿Usted crea enemigos en su mente?

En algunos casos, esos enemigos imaginarios generan ventanas *killer* doble P, que tienen el poder de encarcelar el Yo y retroalimentar el trauma, produciendo paranoia o delirios de persecución. Stalin y Hitler eran paranoicos, creaban enemigos en su imaginación, lo que provocó que tuvieran una existencia demasiado perturbada. Y así, fueron doblemente asesinos: de los demás y de su propio placer de vivir. Mataron a millones de inocentes y, como todo dictador, sepultaron su propia salud emocional.

Siempre debemos tener en cuenta que no estamos solos en la aeronave mental; cargamos otros pasajeros que actúan con el Yo. Su Yo no quiere pensar en algo preocupante, pero usted, a través de los actores que leen la memoria en forma inconsciente, piensa. Su Yo no quiere sufrir por el pasado, pero el detonador se dispara y encuentra ventanas *killer*, y así usted concibe dolores o problemas. Así somos, tan sofisticados y al mismo tiempo tan autocríticos, en especial si no administramos nuestra mente.

La producción de pensamientos puede volverse un gran enemigo de la calidad de vida, de la salud psíquica y de la felicidad. Créame: sus mayores adversarios no están fuera, sino dentro de usted. Estoy convencido de que puedo ser autodestructivo, de que puedo asfixiar mi tranquilidad cuando no actúo como líder de mí mismo. Con frecuencia, nuestro mayor verdugo es nuestro Yo ingenuo, inmaduro, no preparado, que no sabe usar herramientas para controlar el estrés y dar un toque de administración a los pensamientos. El acto de pensar nos convierte en *Homo sapiens*; pero el acto de pensar sin administración nos vuelve *Homo sapiens* aterrorizados.

Créame: sus mayores adversarios no están fuera, sino dentro de usted. Estoy convencido de que puedo ser autodestructivo, de que puedo asfixiar mi tranquilidad cuando no actúo como líder de mí mismo.

EL CEREBRO ESTRESADO REACCIONA; EL CEREBRO TRANQUILO PIENSA

El Yo no es capaz de interrumpir el acto de pensar. La propia consciencia de interrupción de los pensamientos es un pensamiento. Cuando no pensamos en forma consciente, los actores de reparto leen la memoria y fomentan la construcción de ideas, de imágenes mentales, de fantasías, de personajes, de emociones. Incluso la relajación más profunda es incapaz de paralizar por completo la producción de pensamientos, sólo la desacelera. Pensar de manera acelerada es fuente de estrés: pensar en forma serena y con calma es fuente de salud psíquica.

Nadie estacionaría el auto en un garaje y dejaría el motor encendido día y noche; sin embargo, muchas personas no desaceleran su mente. Duermen, pero no descansan; su mente sigue concentrada en sus actividades.

Nuestros pensamientos nos atormentan como si fuéramos máquinas de resolver problemas. Quien espera solucionar todos los problemas para poder relajarse, disfrutar de la vida y descansar, puede ir preparando una cama en un hospital para reposar, pues las dificultades, las frustraciones y los cuestionamientos nunca terminan. Algunos apenas resuelven un problema, cuando otros diez aparecen en la mente.

Mucha gente detesta ver películas de guerra, pero libra en su propia mente una batalla interminable. Las guerras mentales aniquilan a los científicos, abaten a los religiosos, destronan a los reyes, asfixian a la infancia y a la juventud, malogran la creatividad de todos. Son muchas las personas que tienen diversos motivos para ser libres, pero sus preocupaciones e ideas ansiosas las encarcelan en la prisión de la infelicidad, de la debilidad emocional y del mal humor. Viven fatigadas.

Quien espera solucionar todos los problemas para poder relajarse, disfrutar de la vida y descansar, puede ir preparando una cama en un hospital para reposar, pues las dificultades, las frustraciones y los cuestionamientos nunca terminan.

A veces, esas personas tienen un carácter noble, son especialistas en resolver problemas ajenos, pero no logran cuidar de su propia salud emocional. No son líderes de sus pensamientos. Sin embargo, el contenido pesimista y perturbador de los pensamientos no es el único problema que afecta la calidad de vida; la velocidad con la que pensamos también lo hace. Uno de los grandes descubrimientos de la

Teoría de la Inteligencia Multifocal es que la velocidad excesiva del pensamiento provoca un importante síndrome: el Síndrome del Pensamiento Acelerado. Podemos acelerar con éxito muchas cosas en el mundo exterior: los transportes, la automatización industrial, la transmisión y el procesamiento de información en las computadoras; pero nunca la construcción de pensamientos. Por desgracia, interferimos en la construcción de pensamientos a niveles peligrosos.

El movimiento exacerbado de los pensamientos desencadena un desgaste cerebral intenso y produce ansiedad, que estresa al cerebro y genera síntomas físicos que, a su vez, retroalimentan la ansiedad y el estrés. Siempre debemos estar conscientes de ese círculo vicioso. En los bastidores de la mente humana, un fantasma sustenta a otro: el miedo nutre al pensamiento perturbador, que a su vez nutre a la angustia, la cual nutre a la ansiedad, y ésta nutre al miedo. Domesticar a esos demonios emocionales es una tarea vital. ¿Usted está preparado?

Las causas del spa

El spa se propagó por todos los pueblos y las culturas. Vale la pena recordar algunas de sus causas más importantes, ya vistas en el libro *Ansiedad: cómo enfrentar el mal del siglo*. Una mente hiperpensante es una de las mayores causas del agotamiento cerebral.

Exceso de información

En el pasado, el número de datos recibidos por una persona se duplicaba cada dos siglos; hoy, se duplica cada año.

> *En los bastidores de la mente humana,*
> *un fantasma sustenta a otro: el miedo nutre*
> *al pensamiento perturbador, que a su vez*
> *nutre a la angustia, la cual nutre a la ansiedad,*
> *y ésta nutre al miedo.*

Un diario de gran circulación contiene más información general en su edición diaria que lo que un ser humano promedio podía adquirir durante toda su vida siglos atrás. Pero esa avalancha de datos en la actualidad no es inofensiva para el cerebro. La corteza cerebral es un planeta con recursos limitados. Quien no preserva esos recursos está siendo irresponsable con su salud psíquica. Quien actúa como si la memoria fuera una biblioteca ilimitada de información, es decir, quien no selecciona los datos profesionales y existenciales, es un depredador de su propia mente.

Nadie va a un restaurante buffet para comer todo lo que está expuesto. Pero por increíble que parezca, no tenemos ese control, no hacemos esa distinción en relación con la nutrición de la memoria. Queremos absorber, leer y enterarnos de todo, sin saber que esa conducta estresa mucho al cerebro, pues excita al fenómeno del autoflujo para que genere SPA.

Los mejores profesionistas son selectivos; no están obsesionados con absorber todo a su alrededor; son especialistas en organizar los datos, no en abarrotar la memoria. Einstein, por ejemplo, tenía menos información técnica que el promedio de los ingenieros y los físicos de la actualidad. Entonces, ¿por qué fue uno de los mayores pensadores de la historia? Porque rompió la cárcel de la teoría mecanicista de Newton y produjo una de las teorías más complejas de la ciencia: la teoría de la relatividad. Tuve el privilegio de construir en las últimas décadas no sólo una teoría sobre la construcción de pensamientos, sino también una sobre la formación de pensadores. Estoy convencido de que lo que llevó a Einstein a ser un gran pensador fue la manera atrevida y multifocal en que organizó los datos, y no su cantidad. Ejerció el arte de la duda y aprendió a controlar la información para construir nuevas ideas. Lo que importaba no eran los millones de ladrillos que tuviera, sino cómo los utilizaba para construir. ¿Y para usted? Cuidado, el exceso de información agota el cerebro, y lo vuelve menos creativo.

*Los mejores profesionistas son selectivos;
no están obsesionados con absorber todo
a su alrededor; son especialistas en organizar
los datos, no en abarrotar la memoria.*

Una mente estresada sufre de déficit cognitivo, de contracción del razonamiento complejo; esto es, no tiene acceso a los innumerables archivos con miles de datos para dar respuestas notables a situaciones conflictivas. Reacciona, por lo tanto, a través del razonamiento simple, unifocal, estímulo-respuesta.

El razonamiento simple es lineal, mientras que el razonamiento complejo es multiangular; el razonamiento simple es unifocal, mientras que el complejo es multifocal; el razonamiento simple usa el pensamiento dialéctico, que copia los símbolos de la lengua, mientras que el complejo usa el pensamiento antidialéctico, que libera la imaginación. Einstein desarrolló el razonamiento complejo. Es importante tener ladrillos, pero es más importante saber construir edificios. Los ladrillos amontonados en un terreno se transforman en basura. Los intelectos brillantes son buenos ingenieros de pensamientos, no acumuladores de información inútil.

Exceso de preocupaciones

La preocupación cubre el techo del ser humano moderno. Las mentes inquietas están hiperpreocupadas y, como ya comenté, esas mentes son excelentes para el trabajo y para la sociedad, pero verdugos de la tranquilidad. Como la propia palabra lo dice, la preocupación es una *ocupación previa*, anterior a los hechos, capaz de imprimir angustia, miedo y aprensión, antes de que los fenómenos ocurran. Y nada es tan atroz como eso para la salud psíquica.

Debemos pensar en el mañana a fin de desarrollar estrategias para superar conflictos o solucionar problemas.

Pensar con obsesión en los hechos, antes de que sucedan, es una agresión al territorio de la emoción. Entrenar a nuestro Yo todos los días a no revolverse en el lodo de las preocupaciones es una actitud intelectualmente inteligente y emocionalmente saludable.

Debemos pensar en el mañana a fin de desarrollar estrategias para superar conflictos o solucionar problemas. Pensar con obsesión en los hechos, antes de que sucedan, es una agresión al territorio de la emoción.

Exceso de trabajo intelectual

El trabajo intelectual intenso es muy estresante. Actividades como escribir, analizar, juzgar, investigar, debatir ideas, enseñar, trabajar en equipo, elaborar estrategias, administrar y atender personas en conflicto o cumplir metas pueden consumir más energía cerebral que la actividad de diez cargadores juntos. Por eso, los médicos, los jueces, los promotores, los psicólogos, los educadores, los ejecutivos tienen más tendencia a agotar su cerebro, a desarrollar síntomas más definidos del Síndrome del Pensamiento Acelerado.

El cerebro de quien ejerce un trabajo intelectual excesivo vive siempre en alerta. El desgaste es equivalente a estar con frecuencia ante un depredador; por eso, dichas personas presentan síntomas psicosomáticos: taquicardia, hipertensión, dolores de cabeza y musculares, fatiga al despertar y olvidos. Muchos despiertan en medio de la noche y parecen zombis, ya no pueden volver a dormir. Ese comportamiento indica que sufrieron una disminución en la cantidad de la molécula de oro que regula el sueño: la melatonina.

Quien tiene un trabajo intelectual intenso debe tener doble cuidado con la salud mental. Necesita respetar sus vacaciones, tener fines de semana divertidos, descansados, estar en contacto constante con la naturaleza y entregarse a un sueño relajante.

Exceso de uso de smartphones y redes sociales

Estamos en la era de las relaciones respaldadas por las redes sociales, un fenómeno que trajo una ganancia innegable en la socialización, afectividad y la construcción de la amistad. Me hace feliz ver formarse redes de amigos y familiares. No obstante, las redes sociales también trajeron consigo una paradoja; se intercambian mensajes rápidos y superficiales con muchas personas, pero rara vez se conoce a alguien a profundidad. Y, con sinceridad, no creo que alguien pueda tener más amigos que aquellos con quienes puede intercambiar experiencias, y a quien puede pedir un hombro para llorar, los cuales se pueden contar con los dedos de una mano. Estamos viviendo la cárcel de la soledad en el culto a las redes sociales.

Y, todavía peor, en la era digital no se vive sólo en la superficie de las relaciones sociales, sino también respecto a la relación con el propio ser. Estamos en la era de los mendigos emocionales, de los seres humanos que viven en agradables departamentos y buenas casas, pero que mendigan el pan de la alegría, de la tranquilidad y de la interiorización. Por más pobre que sea una residencia, es ahí donde el propietario se desnuda a sí mismo, se quita los zapatos, usa ropa ligera, se siente cómodo. Por eso, nada es tan estresante que sentir que hay un forastero en la casa de la propia personalidad.

Usted puede tener sus redes sociales, pero no debe dejar de entrar en las capas más profundas de la mente. Nada es tan eficaz para controlar el estrés que el autodescubrimiento, la domesticación de nuestros fantasmas mentales, la transformación de nuestros miedos, la administración de nuestra emoción, el romance con nuestra salud psíquica.

4

Las graves consecuencias de la falta de control del estrés

A ntes de hablar sobre las técnicas fundamentales para controlar el estrés enfermizo, debemos conocer algunas consecuencias dramáticas de no administrarlo:

1. *Mentes estresadas que mendigan el pan de la alegría*

Una de las consecuencias más serias de una mente en estado continuo de estrés es necesitar de muchos estímulos para sentir migajas de placer. Hay una enorme cantidad de seres humanos en esa condición.

En el siglo XVIII, un tercio de la población de París estaba formada por mendigos; uno se tropezaba a cada momento con personas que pasaban hambre. Ese periodo fue conocido como la Edad de los mendigos. Hoy, estamos en la era de los mendigos emocionales. Niños y jóvenes estresados viven en bellos departamentos y casas confortables, pero no tienen comodidad psíquica, precisan con ansiedad de celulares, ropa, zapatos tenis y otros productos para aliviar su insatisfacción insaciable. Adultos con la mente estresada mendigan alegría y tranquilidad; necesitan aplausos, reconocimiento, premios y éxitos para mitigar o disminuir su agotamiento cerebral y su marcada ansiedad.

Tarde o temprano, la depresión, el último estadio del dolor humano, afectará a 1,400 millones de personas, según la Organización Mundial de la Salud (OMS).

Hay 800 millones de personas en el mundo que pasan hambre, y hay mil millones de personas destruidas desde el punto de vista emocional, que claman por el pan de la alegría y de la paz interior. Rara vez se habla de este dantesco fenómeno psicosocial. Incluso la Organización de las Naciones Unidas (ONU) guarda silencio ante este drama emocional. Estamos en la era de la industria del láser, capitaneada por la televisión, el cine, el deporte, la música, los videojuegos y celulares, pero, y esto es lo paradójico, nunca tuvimos una generación tan triste.

Tarde o temprano, la depresión, el último estadio del dolor humano, afectará a 1400 millones de personas, según la Organización Mundial de la Salud (OMS). Administrar la emoción es filtrar los estímulos estresantes, y es tan importante como la vacuna contra la poliomielitis; ¿pero dónde están los investigadores interesados en la prevención de los trastornos emocionales? Sin control del estrés, la humanidad se convertirá en un manicomio global.

2. Las mentes estresadas tienen un bajo umbral para las frustraciones

Las mentes estresadas tienen un bajo nivel de tolerancia a las contrariedades. Su emoción está desprotegida; los pequeños problemas las afectan de forma muy intensa: una mala mirada echa a perder el día, una decepción asfixia la semana, una traición infecta la vida, las pequeñas críticas secuestran su tranquilidad.

Las mentes que no administran el estrés reaccionan por el fenómeno acción-reacción, a modo contraataque, retroalimentando la violencia. Cuanto más agreden a quien las agredió, más registra el fenómeno RAM, en ellas y en el agresor, ventanas traumáticas que minan la salud emocional. Aunque saben que son mortales, esas mentes disminuyen tanto su umbral para soportar dificultades, que fomentan desde agresiones en la escuela (*bullying*), violencia contra las mujeres y los niños, hasta guerras y homicidios.

Las mentes agitadas practican actos violentos y crímenes por motivos fortuitos o banales; un fenómeno en plena expansión en la era digital. Nunca controlamos tantos aparatos electrónicos y, en contradicción, nunca perdimos tanto el control del aparato mental.

La cultura académica cartesiana es insuficiente para expandir el umbral para soportar los estímulos estresantes, para administrar la ansiedad, para desacelerar la mente. Como menciono en el libro *Gestão da emoção* (Administración de la emoción), es necesario aprender a desarrollar las habilidades socioemocionales del Yo como director del guion de nuestra historia. Sin esas habilidades (como pensar antes de reaccionar y proteger la mente), un individuo puede incluso obtener títulos de profesor, doctor o especialista, pero seguirá siendo un niño en el territorio de la emoción: no sabrá qué hacer con sus lágrimas, no tendrá contacto con sus debilidades, no soportará ni un mínimo de contrariedades en la vida.

Las mentes estresadas pueden tener éxito financiero, político e intelectual, pero fracasarán en ser felices y tener salud emocional. Son invadidas con facilidad por la necesidad neurótica de poder, de ser el centro de la atención y de siempre tener razón.

3. Las mentes estresadas sufren una disminución de la consciencia crítica

Aunque cultas, las mentes estresadas tienen dificultad para tener contacto con la propia realidad, para interiorizarse, para cuestionarse, para analizarse. Se salen por la tangente de los problemas, se quedan al margen de los conflictos. Quien no es transparente se lleva a la tumba sus fantasmas mentales, es decir, nunca los elimina ni los domestica.

La autocrítica o consciencia crítica es el timón del Yo en la búsqueda de sus grandes metas. Sin embargo, una mente agitada experimenta una disminución de la consciencia crítica, del análisis a largo plazo, de la facultad de pensar en las consecuencias de sus comportamientos.

Las mentes estresadas comprometen el pensamiento estratégico porque su meta es reaccionar, y no pensar en forma crítica; son precipitadas, actúan por instinto, se vuelven especialistas en lastimar a sus hijos, a su pareja, a sus amigos, aunque al momento siguiente se atormenten por el sentimiento de culpa; son irreflexivas, quieren todo rápido y pronto, porque la impulsividad es su señal distintiva; cuando son presionadas o heridas, no saben guardar el silencio de los sabios, la quietud proactiva; algunas personas no llevan el problema a casa y con eso creen que están siendo honestas con su propia consciencia, pues la mínima decepción o frustración detona su capacidad ansiosa de responder; aunque no saben que, en el fondo, su honestidad es señal de pleno descontrol. Tales personas son especialistas en lastimar a quienes aman.

Una mente madura elogia a quien la contradice, primero valora a quien se equivoca para después hacerle reflexionar sobre el error; primero abre el circuito de la memoria y después estimula la interiorización.

Una mente madura elogia a quien la contradice, primero valora a quien se equivoca para después hacerle reflexionar sobre el error.

4. Las mentes estresadas rechazan la soledad creativa

La creatividad y la inventiva nacen en el suelo de la soledad. No es posible interiorizarse, elaborar ideas, liberar la imaginación sin viajar hacia dentro de uno mismo. Pero las mentes estresadas detestan la soledad, por lo menos la soledad calmada y creativa. Son inquietas, agitadas, ansiosas, lo que las frena a la hora de conocerse a profundidad. Por vivir con el síndrome de exteriorización existencial, las mentes estresadas suelen también ser consumistas y proyectan en el tener el vacío del ser, lo que aumenta el sentimiento de culpa y retroalimenta el estrés.

Las escuelas cartesianas son cognitivas en exceso, incluso las que tienen mensualidades carísimas; no fomentan la educación de la emoción, no enseñan el arte de la soledad creativa y de contemplar lo bello, la administración de la ansiedad y de los papeles del Yo como líder de sí mismo. Las escuelas de dicha línea pedagógica, al preparar a sus alumnos para ser buenos profesionistas, en realidad los preparan para ser estresados, irritables, con bajos niveles para soportar las frustraciones, y no para ser inventivos, proactivos, osados. Por desgracia, el último lugar en que esos alumnos quieren estar es en el salón de clases. Los profesores se vuelven cocineros del conocimiento, preparan el alimento para una audiencia que carece de apetito intelectual o placer de aprender, como preconizaba Platón. En fin, los alumnos no aprenden las habilidades socioemocionales para ser autores de su propia historia, para ser autónomos, como soñaba Paulo Freire.

5. *Las mentes estresadas asesinan el tiempo emocional*

Las mentes que no controlan el estrés destruyen el mejor y más escaso bien humano, el tiempo emocional. Vivimos el doble que las personas de la Edad Media, cuando una infección como una amigdalitis podía llevarlas a la muerte. Hoy vivimos hasta los 70 u 80 años pero, en el plano emocional, ese tiempo corresponde a los 20 años del pasado. Las mentes estresadas sienten que se durmieron y despertaron con una edad superior a la cronológica; están tan agitadas que no ven el tiempo pasar.

La vida es asombrosamente breve. Nuestro mayor desafío es dilatar el tiempo, hacer de un día una semana, de un mes un año, de un año una década. Sin embargo, somos tan ansiosos que detestamos el tedio. Los jóvenes están tan estresados que no soportan la soledad; no saben ser amigos de sí mismos, no conocen el placer de interiorizarse, de navegar dentro de sí, de disfrutar los momentos simples, de tener en alta consideración el aroma de las flores, la suavidad de la brisa, la explosión de colores de la aurora.

6. *Las mentes estresadas se infantilizan y contraen la juventud emocional*

Las mentes estresadas no elaboran en sus experiencias ni transforman sus falsas creencias, fallas, crisis y dificultades y, por eso, no forman un cuerpo de ventanas saludables o *light* para proporcionar la madurez en las tempestades, la resiliencia en las frustraciones, la tolerancia en las decepciones, la paciencia en las relaciones sociales. Así, infantilizan su emoción. Muchos adultos tienen 30 o 40 años de edad real y 15 años de edad emocional. A la mínima derrota se desmoronan; al mínimo fracaso, desisten de sus sueños; a la mínima crítica, retroceden. No entienden que nadie es digno de éxito si no usa sus propias humillaciones y fallas para conquistarlo.

Las mentes estresadas no saben usar el estrés a su favor para soñar o tener disciplina, para cambiar el juego y superar el caos, para escribir capítulos nobles en días tristes. Están siempre en estado de alerta, listas para reaccionar y pelear. Son especialistas en gastar energía emocional inútil. No calman sus ánimos, no entienden que aplausos y abucheos, drama y comedia, forman parte del mayor y más arriesgado contrato de todos: la vida. No comprenden que deben abrazar más y criticar menos, elogiar más y exigir menos. No forman líderes, no estimulan a sus hijos, cónyuges, compañeros y, de esa forma, contribuyen poco a construir mentes brillantes.

Las mentes estresadas asfixian no sólo la madurez, sino también la juventud emocional; son viejas en cuerpos jóvenes. En forma paradójica, a pesar de tener la edad emocional de un adolescente, sufren de agotamiento precoz del ánimo, del placer, de la capacidad de aventurarse, de explorar, de reinventarse. Son mentes adolescentes viejas, y no hay nada más terrible que eso. ¿Y cuáles son los síntomas del envejecimiento emocional precoz? Exigir de más; querer todo rápido y pronto; necesitar muchos estímulos para tener migajas de placer; tener bajo umbral a la frustración; y vivir a la sombra y dependiendo de los demás.

7. Las mentes estresadas desarrollan enfermedades psicosomáticas: hipertensión, trastornos intestinales, cáncer, dolor de cabeza, enfermedades autoinmunes

Las mentes estresadas agotan los recursos del cerebro al punto de provocar el desarrollo de una serie de psicosomatizaciones, es decir, síntomas físicos de origen emocional. Cada uno de esos síntomas representa un grito de alerta para que el ser humano cambie su estilo de vida, pero las mentes estresadas dan la espalda a ese clamor silencioso y, al mismo tiempo estruendoso, pues quieren ser las más ricas del cementerio, los profesionistas más capaces en la cama de un hospital.

Nos preocupamos por las enfermedades autoinmunes, cardiacas, la hipertensión arterial y la incidencia de tumores cancerígenos influenciados por el estrés intenso. Una mente con estrés crónico agrede al cuerpo de manera violenta. Cuando me formé en la facultad de medicina, a mediados de la década de 1980, una de cada veinte personas desarrollaba un cáncer. Se esperaba que en el siglo XXI, con el control del tabaquismo, del alcoholismo, de los pesticidas, de la contaminación ambiental, de la mala nutrición, sólo quedarían los factores genéticos y de ese modo las estadísticas serían más generosas: una en cada cincuenta o cien. No obstante, las estadísticas actuales son insólitas: es probable que una de cuatro o cinco personas tenga algún tipo de cáncer a lo largo de su vida. Un pensamiento acelerado, sin administración, agota tanto al cerebro que, de alguna forma, puede disminuir la inmunidad o desencadenar células malignas que se multiplican con rapidez, sin preocuparse por la supervivencia de billones de células que forman el cuerpo humano.

Las mentes estresadas provocan la contracción de las arteriolas, el aumento de la presión arterial, la taquicardia, el aumento de la frecuencia respiratoria, en fin, graves síntomas psicosomáticos que reflejan su estado, siempre listas para actuar, luchar, esconderse o huir. Son mentes que no descansan, no se deleitan, no construyen un oasis en el desierto, crean monstruos aunque vivan entre aplausos y reconocimientos.

Quien quiera tener un cuerpo saludable y ver días felices y prolongados jamás puede dejar de administrar el estrés, desacelerar la mente, tener el placer de caminar despacio, hablar con lentitud, comer con calma, dar respuestas sin exasperarse.

ERROR DE DIAGNÓSTICO

Las personas que no logran administrar el estrés son lentas para tener un romance con su salud emocional, sólo toman medidas cuando el cuerpo comienza a fallar. No se dan cuenta de su mente hiperacelerada, inquieta, desgastada. Cierta vez fui invitado a hablar en un evento dirigido a mujeres empresarias de São Paulo. Eran quinientas mujeres notables, ágiles, proactivas. Sin embargo, cuando hice un test sobre la ansiedad fomentada por el spa, descubrí síntomas gravísimos de lo que considero el mal del siglo: la gran mayoría de ellas despertaban cansadas, sufrían por anticipación, padecían dolores de cabeza, tensión, irritación, mala calidad del sueño, déficit de memoria, tenían bajo umbral a la frustración. De tan aceleradas, tenían dificultades para convivir con personas lentas. Eran mentes estresadas que deberían estar recluidas en hoteles relajándose y descansando. Eran empresarias en el ámbito social, pero prisioneras en el ámbito psíquico. Acertaban en lo general, pero erraban en lo esencial.

Si los adultos están estresados, imagine los niños y los adolescentes, bombardeados a diario en esta sociedad consumista. Yo animo a los padres y directores de escuelas a entrar en un salón de clases con alumnos entre 11 y 12 años y preguntarles sobre los síntomas del spa que puedan sentir. Pida que levanten la mano aquellos que sienten fatiga al despertar, dolor de cabeza, déficit de memoria u olvidos, que sufren por anticipación, que despiertan de madrugada, que se sienten siempre agitados y ansiosos.

Las escuelas que no educan la emoción de los alumnos para que éstos aprendan a controlar en forma mínima su psique y a filtrar los estímulos estresantes, están contrayendo una deuda con el futuro de la humanidad.

Usted podrá romper en llanto con el resultado de esta encuesta informal. Reitero: las escuelas que no educan la emoción de los alumnos para que éstos aprendan a controlar en forma mínima su psique y a filtrar los estímulos estresantes, están contrayendo una deuda con el futuro de la humanidad. Y la mayoría contrae esa deuda. Estoy cansado de ver administradores de escuelas que afirman preocuparse por la educación de sus alumnos, pero que en la práctica son lentos para optar por la educación socioemocional, como abogamos en el Programa Escuela de la Inteligencia. No perciben las graves consecuencias que pueden surgir de que sus alumnos estén agitados, tensos, con las mentes aceleradas. De tan desesperados, algunos jóvenes se lastiman, se mutilan en el baño de la escuela. Este año, el diario *Folha de S. Paulo* publicó una estadística que mostraba que, de 2002 a 2012, el suicidio entre los jóvenes aumentó a 42 por ciento en São Paulo. En Japón, el índice más alto de suicidios se registra en septiembre. ¿Por qué? Porque es cuando comienzan las clases. Los alumnos se sienten profundamente presionados.

Lo más alarmante es que los pediatras, los psiquiatras, los psicopedagogos y los psicólogos están confundiendo el Síndrome del Pensamiento Acelerado con hiperactividad. He hablado ante magistrados sobre el trabajo intelectual forzado. Los niños tienen tiempo para todo, menos para tener infancia. Sus padres los estresan con innumerables actividades, sin saber que en la infancia y en la adolescencia se elaboran los principales núcleos socioemocionales de habitación del Yo, los cuales generan habilidades para el autocontrol, la protección emocional, la consciencia crítica, la proactividad, la tolerancia, el altruismo, la paciencia, la capacidad de ponerse en el lugar de los demás.

Ese error de diagnóstico es trágico, pues conduce a la prescripción exagerada de medicamentos con el fin de controlar un estrés crónico y dramático que los adultos provocamos en los niños. ¿Cuál es la solución? Examinar el trabajo intelectual forzado al que estamos sometiendo a nuestros hijos y alumnos, y educar su Yo como administrador de la propia mente. Debemos motivar a los niños y a los adolescentes a jugar, a aventurarse, a participar en actividades lúdicas, a tener más contacto con la naturaleza, a leer libros, aprender a tocar instrumentos, practicar deportes, a involucrarse con la filantropía...

Los niños tienen tiempo para todo, menos para tener infancia. Sus padres los estresan con innumerables actividades, sin saber que en la infancia y en la adolescencia se elaboran los principales núcleos socioemocionales de habitación del Yo.

Con todo, algunos padres y administradores escolares prefieren incentivar a sus hijos y alumnos a estudiar, a informarse, a tomar demasiados cursos. Claro que es necesario fortalecer las actividades cognitivas. Pero, como dije antes, estoy convencido de que no es la cantidad de datos lo que determina la formación de pensadores, de mentes brillantes, y sí la organización de esos datos. Recuerde que Einstein tenía menos información que muchos ingenieros y físicos de hoy en día.

No debemos olvidar que existen una ansiedad y un estrés saludables que inspiran sueños, motivan, hacen crecer la curiosidad, fomentan la investigación, nos llevan en dirección a lo imposible. Sin embargo, si no controlamos la ansiedad y el estrés enfermizos, seremos pobres aunque estemos en el apogeo del éxito financiero, social, intelectual o mediático.

5

Herramientas para controlar el estrés

E n este capítulo mencionaré veinte herramientas fundamentales para el control del estrés. Gran parte de los seres humanos fallamos en casi todas. Deberíamos ser entrenados desde prescolar hasta la universidad para aplicar esas herramientas todos los días, pero por desgracia el sistema pedagógico está enfermo, formando personas enfermas para una sociedad enferma.

La educación mundial valora las funciones cognitivas, como la memoria, el razonamiento, el pensamiento lógico, pero no trabaja las habilidades socioemocionales que permiten construir una salud psíquica, relaciones y empresas saludables.

1. Capacitar al Yo para ser administrador de la mente: dejar de ser un espectador pasivo y dirigir el guion de la propia historia.

2. Administrar el sufrimiento por anticipación: ser libre para pensar, pero no esclavo de los pensamientos.

3. Controlar los pensamientos enfermizos que nos vinculan al pasado.

4. Manejar la impulsividad, evitando el fenómeno de acción-reacción.

5. Gestionar el pesimismo, la autocompasión y el conformismo.

6. Encauzar las creencias limitantes (miedo de atreverse, de reinventarse, de correr riesgos): construir ventanas *light* paralelas (núcleos saludables alrededor de los núcleos traumáticos) y reeditar las ventanas *killer*.

7. Administrar las falsas creencias ("No puedo", "No soy inteligente", "Fui programado para ser infeliz y no tener éxito", "Nadie me quiere"): construir ventanas *light* paralelas y reeditar las ventanas *killer*.

8. Autocontrolar las fobias: reeditar las ventanas *killer*.

9. No exigirse en exceso a sí mismo ni a los demás: dar siempre una nueva oportunidad a uno mismo y a las personas con las cuales se relaciona.

10. Entrenarse para tener buen humor y estar relajado: no ser autopunitivo, aprender a reírse de la propia simpleza, de los miedos y limitaciones.

11. Elegir: preferir lo esencial y estar dispuesto a perder lo trivial.

12. Establecer metas claras: saber a dónde se quiere llegar para no hacer un puerto de cualquier lugar.

13. Tener resiliencia: trabajar las pérdidas y frustraciones, y saber que no hay cielo sin tempestad.

14. Dormir un sueño reparador: no usar el celular ni la computadora de una a dos horas antes de irse a la cama.

15. Desarrollar una rutina saludable para trabajar, practicar deportes, no traicionar las vacaciones, los días feriados ni los descansos, a menos que sea en forma temporal.

16. Ser un soñador: tener al sueño como motor de la motivación y del sentido existencial.

17. Saber que los sueños no son deseos: los sueños son proyectos, los deseos son intenciones.

18. Comprender que los sueños sin disciplina producen personas frustradas, y la disciplina sin sueños produce individuos autómatas, que sólo saben obedecer órdenes.

19. No buscar el mecanismo de recompensa inmediato: planear a medio y largo plazo.

20. Superar las necesidades neuróticas de poder, de ser perfecto, de superioridad social, de tener siempre la razón, de preocuparse demasiado por la opinión ajena.

Sea transparente en el territorio de la emoción

No podemos escondernos detrás de falsas creencias ("No puedo", "No tengo la capacidad"), de creencias limitantes, de los fracasos o de los éxitos de nuestra historia, ni del conformismo y la autocompasión. Debemos ser atrevidos para salir de esas trampas mentales y también transparentes para reconocer nuestras fallas, nuestras dificultades y nuestros conflictos internos. ¿Es usted transparente en el territorio de su emoción?

Quien no es transparente no ubica a sus demonios emocionales y carga con ellos hasta los últimos días de su existencia. ¿Por qué? Porque si el Yo no contacta ni escudriña las ventanas traumáticas, pierde la oportunidad de reeditarlas y de transformar las penurias y las miserias emocionales.

Muchos jóvenes se sienten ansiosos, irritados, desconcentrados, olvidados y perdidos en sus proyectos de vida. Yo también fui así en mi juventud. Algunas personas pueden pensar que, por el hecho de que mis libros sean hoy leídos por millones de lectores en más de 70 países, y que mi trabajo sea estudiado en varias universidades, atravesé los caminos sin accidentes. No es verdad. Yo era un sujeto estresado y disperso.

La copa de los árboles no revela las raíces fincadas en la tierra, que representan las lágrimas que derramamos, las angustias por las que pasamos, los errores que cometemos.

Una mente estresada y desconcentrada: mi historia

Para hacer que las técnicas que menciona esta obra sean más prácticas y menos teóricas, voy a analizar algunos elementos de mi historia y mostrar cómo las apliqué. Comento algunos de esos episodios en el libro *Nunca desista de seus sonhos* (Nunca desista de sus sueños), pero ahora lo haré a la luz de la administración del Yo y del estrés.

Atravesé áridos desiertos emocionales. Al recorrer algunos de ellos, sentí que no tendría fuerzas para continuar. Tenía las condiciones para que nada saliera bien. Tuve mucha necesidad de las herramientas aquí presentadas para dar un salto en mi historia. No hay una fórmula mágica para ser un vencedor, pero existe una magia para ser un conquistador, para administrar el estrés...

Describiré algunas pérdidas agudas, las lágrimas que derramé y las que no tuve el coraje de llorar, y cómo abandoné la condición de espectador pasivo y comencé a dirigir mi guion. Hace más de treinta años, cuando cursaba la actual enseñanza media, era tan distraído que usted podía hablar conmigo durante diez minutos y yo no escuchaba nada. ¿Drogas? No, por fortuna no las consumía. Mi libertad no tenía precio. Pero vivía en otro planeta. Viajaba en mi imaginación. Mientras mi cuerpo estaba en el salón de clases, mi mente vagaba como un aeroplano sin rumbo. ¿Y sabe cuál fue mi calificación al final del segundo año de la enseñanza media? ¡Fui el número dos de la clase! Sólo que de abajo para arriba... Yo no tenía objetivo, mi mente estresada no se adaptaba al plan de estudios. Vivía desmotivado, estaba a años luz de lo que preconizaba Platón: el placer de aprender.

Mis profesores no creían en mí. Mis amigos pensaban que no sería nadie en la vida; que me quedaría a la sombra de mis padres, de un árbol o quizá de un puente. Estaba tan desmotivado para ir a la escuela que sólo tenía un cuaderno pero con casi nada escrito. Sólo me interesaba el placer inmediato. Mi *hobby* era divertirme: fiestas, parrandas... Pero el problema no estaba en esas cosas. Estaba más bien en ser controlado por una creencia limitante: la de que, para mí no existiría un futuro. Estaba condenado a ser mentalmente estéril, a repetir ideas en vez de producirlas. No hacía los mínimos planes para mi vida. No sabía dónde estaba ni a dónde quería llegar. Si usted no tiene metas, cualquier lugar es un puerto, incluso el abismo, como aprendí años después.

Mis profesores no creían en mí. Mis amigos
pensaban que no sería nadie en la vida;
que me quedaría a la sombra de mis padres.

Sin embargo, había algo interesante en mi mente, que sólo descubriría décadas más tarde, como investigador. Algo que libera la producción del pensamiento más rebelde, creativo, inventivo y difícil de ser controlado: el pensamiento antidialéctico. El pensamiento dialéctico es lógico y lineal, mientras que el antidialéctico es libre, fomenta la imaginación. Sólo que, sin un toque de administración, el pensamiento antidialéctico divaga, no produce nada concreto.

Los niños hacen muchas preguntas en los primeros años de su vida a causa del flujo de los pensamientos antidialécticos, y dejan de preguntar cuando entran a la escuela, porque la educación los envicia en el pensamiento dialéctico. Desde una perspectiva general, eso acarrea un desastre mundial en la formación de pensadores.

La imaginación es la fuente de la creatividad, mientras que la lógica es la fuente de la repetición. El riesgo de las mentes imaginativas es nunca poner los pies en el suelo; el riesgo de las mentes lógicas es nunca arriesgarse a volar a las alturas y ver el mundo desde otras perspectivas. Descartes, el padre del cartesianismo, del método que usa las matemáticas como ciencia madre, fue creativo porque vivió lo que no defendió: el mundo insondable de la emoción, el mundo incontrolable de la imaginación. Sus seguidores, como siempre, cometieron desastres; nunca entendieron que es posible dar una nota máxima a quien se equivocó en todos los datos, siempre que haya sido creativo. Los exámenes escolares cartesianos sepultaron a miles de genios.

MI RUINA

Cierta vez, mis compañeros de grupo estaban hablando sobre sus sueños, su futuro, la profesión que querían seguir. Unos querían estudiar ingeniería, otros derecho, pedagogía, administración y así sucesivamente. Éramos alumnos de una escuela pública. De repente, con la mayor ingenuidad, me levanté en medio de la clase y dije: "¡Yo quiero estudiar medicina y ser un científico!".

¿Saben lo que ocurrió? Un silencio profundo se apoderó del salón. No se oía ni el vuelo de una mosca. Y de repente, todos estallaron en carcajadas. Fue el chiste del año. Deben haber pensado: "¿Qué? ¿El más disperso de la clase, que tiene un solo cuaderno, quiere estudiar medicina? ¿Ser un científico? ¡Está delirando!". Ese día miré a todo el mundo, me pasé la mano por la cabeza y pensé: "Caramba... si dependo de mis seguidores, estoy perdido, ¡mejor me quedo en la banca de las reservas!" ¿Y cuantas personas no se quedan en ese sitio porque nadie apuesta por ellas?

Burlándose más todavía, algunos compañeros dijeron: "¡No te exaltes! ¡Tú puedes ser un excelente contador de chistes!". Otros, sabiendo que yo no podía ni patear una pelota en línea recta, me provocaron: "¡Puedes ser un brillante jugador de futbol!". De hecho, hay momentos en la vida en que no podemos contar con nadie. Descubrí que nuestras principales decisiones son solitarias.

CAMBIAR EL JUEGO: EL MATRIMONIO DEL SUEÑO CON LA DISCIPLINA

Después de ese momento de nulo apoyo emocional, comencé a cuestionarme con honestidad: "¿Quién soy? ¿Qué espero de mi vida? ¿Quién dijo que estoy programado para ser un fracaso? Si otros llegaron allá, ¿por qué yo no? ¿Quién dijo que no puedo superar mis limitaciones?".

Aunque no en forma clara, descubrí una importante herramienta: mi Yo puede y debe ser autor de mi propia historia. Mis peores enemigos están dentro de mí, yo los creo y sólo yo puedo superarlos.

Mis principales obstáculos no eran las otras personas, sino las falsas creencias que yo mismo había construido: que no era inteligente, que no tenía buena memoria, que no tendría éxito, que no podría resolver mis necesidades psíquicas. Las falsas creencias son cárceles mentales que pueden dominarnos toda la vida. Descubrir eso me iluminó. ¿Qué tipo de falsa creencia o creencia limitante lo controla a usted? ¿Timidez, inseguridad, fobia, sentimiento de incapacidad?

Vea esta metáfora. Había cien ratoncitos compitiendo para subir a la cima del edificio más alto del mundo, en Dubái. Después de la señal, todos salieron disparados, pero durante la subida uno le decía al otro: "¡Vamos a caer!", "¡Mira la altura!", "¡Vamos a morir!" La mayoría se despeñaba después de subir diez metros. Una minoría logró escalar cien metros, pero sólo un ratoncito alcanzó la cima. Todos le aplaudieron al vencedor. Al preguntarle al ratoncito cuál era su secreto, dijo: "¿Qué?". Entonces todos los otros ratones descubrieron que era sordo.

Quien escucha todos los días sobre una crisis económica, por ejemplo, tiene una gran dificultad para dar un salto cualitativo, para moverse, para usar el caos y liberar su inventiva.

Quien escucha todos los días sobre una crisis económica, por ejemplo, tiene una gran dificultad para dar un salto cualitativo, para moverse, para usar el caos y liberar su inventiva. Por eso muchos economistas son excelentes para dar opiniones, pero no para emprender algo. ¿El caos paraliza o libera su capacidad de crear?

Debemos informarnos lo suficiente para trazar metas, pero no para paralizarnos. En este momento exacto, hay millones de empresarios amordazados por el miedo al futuro, a fallar, a perder clientes. El miedo cerró su circuito de la memoria, esposó su Yo, su habilidad de reinventarse.

Esos profesionistas son incapaces de luchar por sus sueños, de sonreír, de motivar a su equipo diciendo: "Es ahora cuando vamos a mostrar nuestra fuerza y nuestra capacidad de superación". Son incapaces de atraer a sus clientes, de llamarles sólo para decirles cuán importantes son, de ofrecer algo nuevo, de recortar costos. Son esclavos de la era moderna: la era del miedo, de la preocupación neurótica por la opinión ajena.

LOS LÍDERES SE PRUEBAN EN EL ESTRÉS

Los grandes líderes sólo son descubiertos en los valles sórdidos del estrés, en los terremotos sociales y económicos. Los vencedores notables permanecen cuando todos los demás huyen en retirada ante los depredadores. Es cierto que los vencedores son imperfectos, pero también son osados. A veces lloran, pero no se intimidan con las fallas y las lágrimas; al contrario, las usan para sustentar la autodeterminación. Nada los aparta de su meta, ni siquiera la angustia o la desmotivación.

Ser sordo a los comentarios pesimistas no significa ser un desequilibrado, sino dejar de gravitar en la órbita de las dificultades. Los ratones de la historia que miraron hacia

abajo amedrentados, y escucharon los comentarios desesperados de sus compañeros, abrieron ventanas *killer* (traumáticas), las cuales les produjeron un estado de ansiedad
tan grande que provocó el cierre de miles de ventanas saludables con miles de datos.

La mejor forma de dejar de ser el piloto de su mente y
asesinar su sueño es gravitar en la órbita de los demás. Las
ofensas, las pérdidas, las frustraciones, los rechazos, el autocastigo y las traiciones que vivimos en nuestras escala-
das destruyen nuestra osadía y nuestra habilidad, haciendo
que nos despeñemos.

¿Qué lo hace a usted sufrir accidentes emocionales o
qué lo desvía de sus objetivos?

Es cierto que los vencedores son imperfectos,
pero también son osados. A veces lloran, pero
no se intimidan con las fallas y las lágrimas;
al contrario, las usan para sustentar la
autodeterminación.

Hay millones de seres humanos increíbles, pero que se
sienten derrotados, poco inteligentes, incapaces de realizar
grandes investigaciones, proyectos, construir empresas
sustentables. Sucumben ante las crisis. No les falta capacidad; en realidad, les sobran dosis de miedo y de falsas
creencias. Hay más trampas mentales en la mente humana que cárceles en las grandes ciudades. Sólo que la prisión
mental está disfrazada con sonrisas, con maquillaje.

Pero ninguna mente es impenetrable. Sólo que de nada sirve romper el cofre de la propia mente y de la de los demás; para abrirlo, es necesario usar las llaves correctas. Yo, por ejemplo, creía que mi memoria no era privilegiada, que no vencería mi pereza mental e indisciplina, que no realizaría un gran proyecto de vida. Vivía la magia de los derrotados. Por intuición, comencé a usar técnicas para abrir el cofre de mi mente y entendí que no existen personas poco inteligentes; existen aquellas que no saben preparar y ejercitar su inteligencia.

A partir de ahí, descubrí una de las mayores herramientas para vivir la magia de los vencedores: los sueños no son deseos. Los deseos son intenciones superficiales que no cambian nuestra trayectoria, mientras que los sueños son proyectos de vida que revolucionan nuestra historia. Muchas personas están mal definidas, insatisfechas, son especialistas en exigir porque no tienen proyectos de vida. El infierno emocional está lleno de personas bienintencionadas. Veamos.

6

Sueños y deseos:

Diferencias vitales

La emoción estable

Una emoción inestable se nutre con deseos; una emoción estable se alimenta de sueños. Dos palabras tan cercanas, *sueños* y *deseos*, pero hay entre ellas más misterios de lo que imaginan la psicología y la filosofía.

Los deseos, como tener buenos amigos, ser un excelente alumno, administrar la ansiedad, ser un óptimo profesionista, no tienen la fuerza para soportar el estrés que toca a la puerta. A su vez, los sueños son proyectos de vida que cobran más fuerza durante las derrotas o crisis. Sólo los sueños pueden hacernos soportar las contrariedades del estrés. Si yo no tuviera sueños, no habría vencido a mi mente desconcentrada, mi alienación social, mi inquietud emocional.

Muchas personas tienen el deseo de voltear la mesa en algunas áreas de su vida, pero no elaboran sueños ni dan el máximo de sí mismas para transformarse. Así, siguen enfermas, fracasadas, cautivas en la cárcel de la rutina y del miedo.

El sueño necesita de la disciplina; la disciplina,
a su vez, demanda concentración;
la concentración requiere de la estrategia;
la estrategia necesita elecciones;
y las elecciones implican pérdidas.

Sin embargo, para ganar fuerza, para superar una mente estresada y volverla productiva, el sueño necesita de la disciplina; la disciplina, a su vez, demanda concentración; la concentración requiere de la estrategia; la estrategia necesita elecciones; y las elecciones implican pérdidas. Si usted no está preparado para dejar ir las comodidades de la vida, la ansiedad y la pereza mental lo vencerán. Las caricias, el placer inmediato, la necesidad ansiosa de reconocimiento social harán fracasar sus proyectos.

Las herramientas presentadas en este libro no son de autoayuda, sino fruto de varias tesis ligadas a un área fundamental de las ciencias humanas: el Yo como administrador de la mente, como protector de la emoción, como filtro de estímulos estresantes, como director del guion de la vida, como editor y reeditor del inconsciente, como reinventor de la propia historia. Las herramientas para controlar el estrés, materializar los proyectos y volvernos productivos están al alcance de todos, pero exigen entrenamiento y educación socioemocional.

Quien nace en una cuna de oro tiene una desventaja competitiva

Una vez que descubrí la diferencia entre sueños y deseos, fui controlado por el gran sueño de entrar a la facultad de medicina y contribuir de alguna forma a aliviar el dolor ajeno. Ese proyecto me provocó, me empujó y me llevó todos los días a superar el miedo de expresarme, de levantar la mano y exponer mis dudas en el salón de clases. No importaba si los otros se burlaban de mí, si mis preguntas eran banales; yo tenía una meta y la perseguiría con toda mi energía mental.

Ese proyecto de vida le proporcionó combustible a mi disciplina, determinación, esfuerzo, lucha. Fue entonces que yo, que antes ni cuadernos tenía, comencé a estudiar más de diez horas al día además del estudio en clase. Estaba enfocado y utilicé estrategias diarias para alcanzar ese objetivo. No sólo anotaba los apuntes de la materia, sino consideraba fundamental que cada clase dada fuera una clase estudiada. Además revisaba a diario, por lo menos cinco o diez minutos, las últimas clases de cada materia que ya había estudiado.

Tales estrategias aumentaron mi rendimiento. De ese modo, asimilaba la información, transformaba el aprendizaje y saturaba mi memoria con todo lo que aprendía.

Al ver el éxito de alguien, estamos tentados a decir "tiene suerte". No logramos ver que, tras los bastidores de su historia, hubo lágrimas, desesperación, esfuerzo, concentración, estrategias y determinación.

Al principio no fue fácil. No entendía la materia, sentía sueño, fatiga y hasta irritación. Quería salir corriendo... fue entonces que descubrí que la suerte "despierta" a las seis de la mañana, que la suerte es el matrimonio del coraje con la oportunidad.

Al ver el éxito de alguien, estamos tentados a decir "tiene suerte". No logramos ver que, tras los bastidores de su historia, hubo lágrimas, desesperación, esfuerzo, concentración, estrategias y determinación. Si una persona que nació en cuna de oro no aplica las herramientas de los vencedores, puede desperdiciar las oportunidades que surgen, corre el riesgo de malgastar su herencia, de quejarse por todo y de todos, de no construir un legado. Hay muchos individuos que nacieron pobres, pasaron privaciones, no tuvieron apoyo de nada ni de nadie, pero usaron sus habilidades mentales para crear oportunidades, construir su historia, reinventarse en la miseria social, transformar su caos a fin de escribir sus más nobles capítulos.

Existen algunos dones o habilidades genéticas (Howard Gardner abordó esa tesis en su libro *Inteligencias múltiples*), pero el mayor don es lo que su Yo puede construir como administrador de la mente. Como autor de una de las raras teorías que estudian los papeles de la memoria y el proceso de formación del Yo como autor de nuestra historia, afirmo que cualquier ser humano tiene el potencial para volverse un brillante matemático o un profesor excepcional, un escritor creativo o un físico notable, pues no hay límites para la mente. Usted y yo podemos no entender nada de música, pero después de años de aplicación de las tesis que propongo, nos volveremos maestros.

Formación de sucesores: transmitir la biografía, ésa es la cuestión

Siempre recuerde que quien cree en dones estáticos o en el binomio suerte y azar tiene grandes probabilidades de ser víctima de sus limitaciones, privaciones, menosprecio, conflictos, creencias limitantes y de no ser el autor de su propia historia. La superstición es un cáncer que asfixia la creatividad.

Al aplicar mi Programa de Administración de la Emoción a algunas familias acaudaladas, conocí a muchos hijos de millonarios y de brillantes intelectuales que estaban a la sombra de sus padres. El Yo de esos herederos se había vuelto mediocre, incapaz de creer en sí mismo, de pulir su potencial, de superar su conformismo, de aprovechar las notables oportunidades para ir más lejos que sus antecesores.

Yo procuré educar a mis tres hijas, Camila, Carol y Claudia, para ser sucesoras, no herederas. Les di menos regalos de los que sus amigas recibieron. Muchos años antes de escribir los libros *Padres brillantes, maestros fascinantes*, yo ya sabía, como psiquiatra, que dar regalos en exceso a los niños y jóvenes vicia su corteza cerebral y los lleva a necesitar cada vez más estímulos para sentir migajas de placer. Por eso, el mayor presente que di a mis hijas fue mi historia, el capital de mis experiencias, mis lágrimas, mis errores, mis pérdidas y las dificultades por las que atravesé. Les conté, por ejemplo, que cuando era adolescente estaba viviendo una pesadilla; era víctima y no director de mi historia. También les conté que para vencer mis limitaciones tuve que cambiar mi agenda por completo, tomar grandes decisiones solitarias. Tuve que dejar de quejarme por todo, de disculpar y de culpar a los demás por mis fracasos. Dejé de ceder mis decisiones, que eran sólo mías, así como las consecuencias. Debía tener sueños llenos de disciplina, capaces de superar mi desequilibrio.

Tuve que dejar de quejarme por todo, de disculpar y de culpar a los demás por mis fracasos. Dejé de ceder mis decisiones, que eran sólo mías, así como las consecuencias.

Yo sabía que la herencia, los placeres inmediatos y la vida fácil asfixiarían la disciplina y las habilidades mentales de mis hijas. Podrían no aprender a exponer sus ideas, a pensar antes de reaccionar, a ser altruistas y generosas, a trabajar sus pérdidas y frustraciones, a correr riesgos, a reinventarse, a luchar por sus sueños, a tener fuerza y disciplina. Ellas tienen sus defectos, y es bueno que no anden en búsqueda incesante de la perfección, sino intentando superarse a cada error y conflicto, y yo me siento orgulloso de ser su padre.

7

El Yo:

El gran administrador del estrés

E stamos en una era todavía primitiva en cuanto a la comprensión de los papeles del Yo como administrador de la mente humana. El sistema pedagógico no trabaja sus funciones más básicas. Nuestro Yo ni siquiera ejerce un control de calidad sobre los pensamientos perturbadores, la ansiedad, la impulsividad, la intolerancia, el radicalismo, el extremismo; no califica las emociones fóbicas, la angustia, la rabia, el odio, la envidia, los celos, la irritabilidad y la impaciencia. El potencial humano es ilimitado, pero con frecuencia es oprimido.

¿Conoce usted las emboscadas producidas por las ventanas traumáticas o *killer*? ¿Su Yo sabe proteger su emoción? ¿Su Yo da un golpe de lucidez a sus pensamientos angustiantes o los deja sueltos, esperando que se disipen de manera espontánea? ¿Está consciente de que la apertura y el cierre de las ventanas de la memoria pueden causar una prisión psíquica más terrible que una cárcel de máxima seguridad?

Si usted quiere ser un vencedor en cualquier área profesional, tiene que descubrir la revolución de esta herramienta: el Yo puede ser preparado para ser el administrador de su mente y, así, dejar de ser la víctima de su historia y de sus limitaciones.

Todos sabemos que una empresa, por más pequeña que sea, necesita de un gerente financiero y de un gestor de calidad para administrar sus productos y procesos; en caso contrario, está en un gran riesgo de irse a la bancarrota. Sin embargo, por increíble que parezca, la más compleja de las empresas, la mente humana, no posee un ejecutivo maduro, un gerente propicio.

No es casualidad que muchas personas presenten una serie de síntomas psíquicos (insomnio, ansiedad, irritabilidad, sufrimiento por anticipación) y psicosomáticas (dolores de cabeza y musculares, fatiga al despertar, presión alta) que indican y hasta gritan que la "empresa psíquica" se está yendo a la bancarrota, a la quiebra. Y esas personas no hacen nada para transformar su vida. Son mentalmente sordas... ¿Usted tiene una buena audición intelectual?

Estadísticas impresionantes

He dicho en mis libros, tanto en los de no ficción como en las novelas, que el sistema social está enfermo, y que forma personas enfermas para una sociedad enferma.

El gran desafío de las escuelas, desde la enseñanza básica hasta la universidad, no es preparar a los alumnos para
los exámenes, sino para el mercado de trabajo, altamen-
te competitivo, y para las relaciones interpersonales, alta-
mente accidentadas, para que se sientan realizados a pesar
de vivir en una sociedad estresante. Nadie brillará en el
ámbito social si no brilla primero en el ámbito psíquico.

Pensadores como Sócrates, Platón, Aristóteles, Spinoza, Hegel, Marx, Freud, Einstein, Jung, Skinner, Piaget y
Gardner no tuvieron la oportunidad de estudiar los papeles del Yo como administrador de la psique, como protector
de la emoción, como preservador de la energía. Por pura
intuición construyeron ideas brillantes ligadas al proceso de formación de la personalidad, del aprendizaje, de la
ética, de las relaciones sociopolíticas, pero la comprensión
del Yo como administrador del vehículo mental quedó en la
oscuridad.

¿El resultado? No se produjeron herramientas para administrar la ansiedad y el estrés, aliviar el estado de alerta
cerebral, promover la relajación, la autonomía, la autorre-
gulación psíquica. Las religiones y las prácticas como el
yoga y la meditación ocuparon ese vacío de la ciencia. La
actuación de esas filosofías y prácticas es respetuosa; pero
no lo son el letargo y la omisión de la psicología, de la psi-
copedagogía y de la psiquiatría en ese proceso.

Los laboratorios científicos producen vacunas contra la
polio, el sarampión, la tuberculosis. Los laboratorios de psicología, de ciencias de la educación y de sociología deberían
promover la prevención de los trastornos emocionales. Sin

embargo, estamos en la Edad de Piedra respecto a la prevención. Estábamos, por lo menos, pues la mía ha sido una de
las raras voces, tal vez la primera, en producir conocimiento sobre las herramientas del Yo como administrador de la
mente, la administración de la emoción, la necesidad de filtrar los estímulos estresantes, la reedición de la memoria,
la cárcel de las ventanas *killer* o traumáticas.

No me siento orgulloso de eso. Lloro y me asombro por
las investigaciones que indican que más de 3000 millones de seres humanos, lo que equivale a 50 por ciento de
la población mundial, desarrollarán algún trastorno psiquiátrico a lo largo de su vida: desde dependencia a las drogas hasta fobias graves, desde depresiones hasta psicosis,
desde trastornos alimenticios hasta trastornos ansiosos. Y
menos de 1 por ciento de esos seres humanos afectados re-
cibirá tratamiento. Me preocupa profundamente constatar
que, a pesar de estar en la era del láser, que debería tener la
generación más feliz, que despertara cantando por la mañana, aplaudiendo a la vida, estamos en la era de la miseria emocional, de la generación más ansiosa y estresada de
la historia.

¿No se perturba usted con esos datos? Somos una especie enferma porque nuestra mente es una aeronave mental cuyo piloto, el Yo, no fue educado emocionalmente para
usar los instrumentos de navegación del autocontrol.

GANANCIAS RELEVANTES

Si estudiáramos los papeles del Yo y potencializáramos sus habilidades, tendríamos mayores posibilidades de desarrollar los amplios aspectos de la inteligencia y de la salud mental. Si lo hiciéramos así, tendríamos más probabilidades de lograr notables conquistas:

1. **Superar la necesidad ansiosa de ser perfecto.** Así seremos menos dioses y más humanos, capaces de ubicar nuestras falsas creencias, nuestras opiniones limitantes y nuestros conflictos. Hablaremos más de nosotros mismos, sin temor a ser llamados tontos, locos, insanos, débiles.

2. **Vencer la necesidad ansiosa de protagonismo social.** Tendremos menor necesidad de ser el centro de la atención social y mayor enfoque para contemplar lo bello y hacer de las cosas simples y anónimas un espectáculo para los ojos.

3. **Disminuir la necesidad ansiosa de poder.** Entenderemos que sólo es digno de poder quien lo usa para servir a la sociedad, y no para ser servido por ella; una prueba que gran parte de los líderes políticos y empresariales no pasaría.

4. **Dominar la cárcel del individualismo, del egocentrismo y del egoísmo.** Tendremos más necesidad de contribuir en forma anónima con los demás, tener una relación de amor con la sociedad. Pensaremos más como humanidad y menos como individuos.

5. **Reducir la necesidad ansiosa de criticar a los demás.** Juzgaremos menos y abrazaremos más, excluiremos menos y promoveremos más, incluso a los que piensan en forma distinta a nosotros. Seremos menos verdugos de los demás y más sus inspiradores.

6. **Vencer la necesidad ansiosa de exigirles a los demás.** Seremos más tolerantes, generosos, flexibles. Quien exige demasiado a los demás (hijos, parejas, compañeros) es apto para trabajar en una compañía financiera, pero no para tener una bella historia de amor con las personas que le rodean. Exigir en demasía es típico de un Yo que tiene la necesidad neurótica de controlar a los demás.

7. **Disminuir la necesidad ansiosa de preocuparnos por lo que los demás piensan y hablan de nosotros.** Entenderemos que es imposible convivir con las personas sin frustrarnos. Tarde o temprano, las personas en quienes usted más confía y a quienes más se entrega lo decepcionarán, aunque sea en forma mínima. También es imposible que usted corresponda a todas las expectativas de esas personas; usted también las herirá, aunque no sea de manera intencionada.

8. **Superar la cárcel del conformismo para entender que quien triunfa sin riesgos se vuelve un vencedor sin gloria.** Lucharemos más por nuestros sueños, tendremos menos vergüenza de pasar por el valle de las humillaciones, por el desierto de los abucheos, por la cumbre del ridículo. Liberaremos la imaginación para pensar en otras posibilidades y proponer

ideas. Así estaremos menos paralizados por la timidez y la inseguridad.

9. **Dominar la conducta de ser un consumidor emocional irresponsable.** Protegeremos más nuestra emoción, seremos consumidores emocionales inteligentes. No convertiremos nuestra emoción en tierra de nadie, donde las pérdidas y las frustraciones nos invadan y nos destruyan. No compraremos ofensas que no creamos, críticas que son injustas, baratijas a precio de oro.

Paradojas de un Yo inmaduro

Freud y algunos teóricos del pasado decían que en los primeros años de vida, en especial hasta los primeros siete, las vivencias traumáticas forman la base de los futuros trastornos psíquicos. Y esos traumas no podrán ser superados sin la ayuda de procesos terapéuticos. Sin embargo, a la luz de la comprensión del Yo como autor de la propia historia y del muy sofisticado proceso de construcción de los pensamientos, podemos enfermar en cualquier época, incluso si tuvimos una infancia saludable. Podemos frustrarnos en las más diversas áreas por no haber aprendido a luchar por nuestros proyectos de vida.

¡Pero le tengo una gran noticia! Incluso cuando sea una tarea compleja, podemos transformar nuestras penurias psíquicas, reescribir las ventanas de la memoria en cualquier época y reconstruir nuestra historia. Nadie está obligado o condenado a convivir en forma indefinida con conflictos, fobias, impulsividad, ansiedad, pesimismo, timidez, complejo de inferioridad, comportamiento autopunitivo o destructivo.

Sin embargo, y por desgracia, en la mayoría de las personas el Yo es inerte, pasivo, frágil, conformista.

Y su Yo, ¿es conformista o líder de sí mismo? Si el Yo no desarrolla algunas habilidades complejas, pueden surgir algunas de las diez graves consecuencias que mencionamos a continuación:

1. Estar enfermo cuando se es adulto, aunque se haya tenido en la infancia un proceso de formación de la personalidad exento de traumas relevantes.
2. Estar encarcelado dentro de sí, aunque viaje por el mundo y viva en una sociedad libre.
3. Ser frágil y desprotegido ante las contrariedades, aunque tenga guardaespaldas y contrate todo tipo de seguros: de casa, de vida, empresarial.
4. Bloquear la producción de nuevas ideas y de respuestas inteligentes en el ámbito socioprofesional, a pesar de tener un excelente potencial creativo.
5. Ser autodestructivo, aunque sea bueno con los demás.
6. Causar bloqueos en la psique de los hijos y los alumnos, aunque sea un padre o una madre apasionados por o un profesor elocuente.
7. Lastimar sus romances, incluso cuando tenga la certeza de que encontró al compañero de su vida.

8. Tener deseos o intenciones superficiales, y no sueños, como proyecto de vida.
9. Ser inestable, mentalmente prejuicioso, torpe, desanimado, sin disciplina.
10. No unir los sueños con la disciplina para tener éxito profesional, académico, afectivo y social.

LOS ENEMIGOS DE LA SALUD EMOCIONAL

Nadie es tan importante en el ámbito social como los profesores, aunque nuestra débil sociedad no les dé la importancia que merecen.

El sistema en que están insertos los profesores es estresante y no forma seres humanos con consciencia de que poseen un Yo. Mucho menos de que ese Yo está constituido por mecanismos muy sofisticados, que deberían desarrollar nobles funciones vitales, sin las cuales el individuo puede quedar por completo discapacitado para manejar el aparato mental, en especial cuando es afectado por un trastorno psíquico grave, como dependencia a las drogas, depresión o ansiedad crónica. Y una vez discapacitado, el individuo será gobernado por las tempestades sociales y por las crisis psíquicas. Será un barco a la deriva.

Un Yo malformado tendrá grandes posibilidades de ser inmaduro, aunque sea un gigante de la ciencia; no tendrá brillo propio, aunque la sociedad le aplauda; vivirá de migajas de placer, aunque tenga dinero para comprar lo que desee; estará inmóvil, aunque tenga gran potencial creativo.

Si fuéramos pilotos de avión, quizá la mejor conducta fuera desviarnos de las formaciones densas de nubes, pero, como pilotos de nuestra mente, esa sería la peor actitud, aunque sea la adoptada con más frecuencia.

En primer lugar, porque es imposible que el Yo huya de sí mismo. En segundo porque, si ejercita la paciencia con el fin de dejar que las emociones angustiantes se disipen en forma espontánea para seguir adelante, el Yo caerá en la trampa de la ilusión. La paciencia, tan importante en las relaciones sociales, es pésima cuando significa omisión del Yo para actuar en la administración de los dolores y de los conflictos psíquicos, que sólo se disiparán en apariencia. En realidad serán archivados en la corteza cerebral (la capa más evolucionada del cerebro) y formarán parte de las matrices de nuestra personalidad.

En tercer lugar, porque podrían formarse ventanas traumáticas *killer* doble P. Esas ventanas aprisionan y desestabilizan al Yo como gerente de la mente humana.

EL INCREÍBLE SUEÑO DE BEETHOVEN

Beethoven fue uno de los músicos más grandes de la historia. Sin embargo, perdió poco a poco el instrumento más importante para componer: la audición. Pasó por los valles de la depresión y de la desesperación. La vida perdió su sentido. Su cerebro agotó su energía.

¿Qué hacer cuando eso sucede? ¿Abandonarse? ¿Autodestruirse? ¿Suicidarse?

Tal vez él haya pensado en esas hipótesis, pero su Yo se levantó con todo su poder y dejó de ser víctima de los traumas para ser protagonista de su propia historia. Para "oír" la música, Beethoven apoyaba el oído en la mesa para sentir la vibración de las notas. De esa forma, la magia de los vencedores surgió después de una tempestad. Un sordo compuso increíbles sinfonías. Su superación fue notable.

¿Cuántas veces perdemos el blanco a causa de simples accidentes en el camino? Muchas personas silenciaron sus proyectos más importantes no porque pasaran por grandes sufrimientos, sino porque fueron asfixiadas por la cárcel de la rutina y del trabajo.

Y usted, ¿qué hizo con sus sueños cuando las pérdidas y las crisis ingresaron a su historia? Si perdiera la audición, ¿desistiría de ser un compositor? ¿Cuántas veces perdemos nuestro objetivo a causa de simples accidentes en el camino? Muchas personas silenciaron sus proyectos más importantes no porque pasaran por grandes sufrimientos, sino porque fueron asfixiadas por la cárcel de la rutina y del trabajo. Traicionaron lo que más amaban. ¿Usted ha traicionado sus sueños?

8

Drogas y fobias:

Combustible para el estrés

Las drogas sabotean los sueños

Las personas que consumen drogas depositan bombas en su corteza cerebral. Puede parecer inofensivo aspirar una línea de cocaína o fumar una pequeña piedra de *crack*, pero, sin saberlo, con ese gesto el usuario está incitando al poderoso fenómeno del Registro Automático de la Memoria a construir las ventanas *killer* doble P.

La próxima vez que ese usuario esté tenso o en una ronda de amigos, y alguien le ofrezca la droga, se accionará otro fenómeno inconsciente, el detonador de la memoria; éste es disparado con espantosa velocidad y consigue, con increíble habilidad, encontrar, entre miles de ventanas o archivos, la ventana *killer* doble P que tiene registrada la experiencia. Entonces el proceso se repetirá, y la experiencia con la nueva dosis será archivada en el mismo *locus* por el fenómeno RAM. Con el paso del tiempo, ese archivo deja de ser solitario o aislado en la corteza cerebral y se convierte en un núcleo de habitación del Yo, una prisión psíquica. Es más fácil construir cárceles en la mente humana que en las grandes ciudades. En la sociedad, las prisiones se tardan años en ser erigidas; en la mente, segundos.

¿Cuántas personas prometen abandonar el alcohol y otras drogas y traicionan sus propósitos? Sus intenciones son deseos, no sueños. Como dije, los deseos son superficiales; su entusiasmo es como un hongo, que nace del día a la noche y muere ante la primera dificultad. Los sueños son proyectos de vida; no son abandonados ni con sangre, sudor y lágrimas. ¿Qué le mueve a usted, sueños o deseos?

Muchos individuos traicionan sus deseos no porque no sean sinceros consigo mismos, sino porque caen en las trampas de las ventanas *killer* doble P. Su Yo se aprisiona dentro de sí, en la prisión de la ansiedad, del humor deprimido, de la falta momentánea de sentido de la vida. Millones de jóvenes no saben que nada destruye tanto los sueños de un ser humano como el consumo de drogas. Incluso la marihuana puede traer serias consecuencias socioemocionales. Su uso frecuente puede desencadenar algunos trastornos mentales, además de asfixiar la motivación, la fuerza, la capacidad de volver a comenzar y de transformar las pérdidas en ganancias.

Los sueños son proyectos de vida; no son abandonados ni con sangre, sudor y lágrimas.

No sólo los dependientes de sustancias químicas, sino también los psiquiatras y los psicólogos deberían estudiar el proceso de formación de las ventanas de la memoria y de administración del Yo sobre la mente para comprender el mecanismo destructivo que se instala en el inconsciente. El volumen de una ventana *killer* doble P que proviene, por ejemplo, del uso de cocaína, es tan grande que bloquea miles de otras ventanas saludables y conduce al desarrollo del Síndrome del Circuito Cerrado de la Memoria. En ese caso, el Yo no podrá encontrar millones de datos en un momento determinado para dar respuestas rápidas y eficaces, capaces de conducirle a ser líder de sí mismo.

Ejemplos alentadores de superación del autosabotaje

El Síndrome del Circuito Cerrado de la Memoria sabotea al Yo como autor de la propia historia durante el proceso de compulsión causado por las drogas. El deseo de consumir una nueva dosis de la sustancia controla al usuario, asfixia su autonomía, su poder de decisión. El deseo de superar la impulsividad, el autocastigo, el sentimiento de culpa, el humor depresivo, las fobias, queda comprometido también. El usuario de la droga se vuelve esclavo en una sociedad libre.

No obstante, si el Yo aprende a aplicar la técnica del DCD (dudar, criticar y determinar) y de la mesa redonda del Yo, entre otras, como recomiendo en el programa Freemind, podrá dejar de ser esclavo de las ventanas traumáticas y reeditarlas.

El consumo de drogas es una de las causas más importantes de la muerte de los sueños de la juventud mundial. La heroína, la cocaína y el *crack* forman en el individuo ventanas *killer* aprisionadoras en extremo. El tetrahidrocannabinol, sustancia psicoactiva de la marihuana, tarda más tiempo en instalar la dependencia, pero el gran problema está en el hecho de que esa droga afecta la cognición, la memoria y la motivación.

Hay cerca de 8 millones de usuarios de drogas lícitas e ilícitas sólo en Brasil, y 30 millones de personas están afectadas por la farmacodependencia de manera directa. Nos hemos convertido en una sociedad insegura, incluso en las ciudades pequeñas, a causa del consumo de drogas. Sin embargo, es posible liberar a esas personas de su dependencia, a través de técnicas para reescribir su historia psicosocial.*

Escribo estas palabras a pocas horas de dar la conferencia de clausura del III Congreso Internacional Freemind. Entre las muchas noticias que recibí sobre la aplicación eficiente del programa, en el cual un gran equipo y yo trabajamos de manera gratuita, una en particular llamó mi atención: la de un usuario de *crack* que ha sido internado cuarenta veces. Siempre fue víctima de su historia, pero, desde hace casi un año, ha estado estudiando y practicando a diario las herramientas Freemind y aprendiendo a proteger la emoción, a administrar los pensamientos y a aplicar

---

* Quien desee informarse sobre la metodología de esa historia, puede escribir a gestaodaemocao@yahoo.com, una comunidad terapéutica que usa la herramienta del *coaching* de la administración de la emoción.

otras técnicas para reeditar sus fantasmas mentales y dirigir el guion de su historia.

Escucharlo es alentador. Un caso en apariencia irrecuperable ha presentado un salto de superación. Él dice que nunca se sintió tan libre y, al mismo tiempo, tan alerta. Conoció las prisiones que lo asfixiaban. Está caminando bien, pero sabe que eso no es garantía de que conocerá la verdadera libertad. Tendrá que construir en su corteza cerebral inmensas plataformas de ventanas *light*. Usando la metáfora de la ciudad, tendrá que construir núcleos de habitación del Yo para ser seguro, proactivo, estable, autocontrolado, administrador de sí mismo. La libertad estará a su alcance, así como de todos, sin importar el número de fracasos, de falsas promesas y de recaídas. Recuerde que el destino es una cuestión de elección; ser libre es una decisión diaria y solemne del Yo.

Otro ejemplo: un usuario crónico de drogas con familia, una hija y buena formación escolar, se abandonó y después de muchos intentos frustrados de ser libre se volvió un indigente. Vivió quince años en el caos. Cierta vez, pidió dinero a una mujer, que le dijo que no tenía pero le dio un libro que estaba leyendo, el cual le estaba gustando mucho, *El futuro de la humanidad*. El hombre sintió rabia por no conseguir el dinero, pero decidió aceptar el libro. Al leerlo, se sorprendió con la historia de Falcão. Aprendió, como el personaje, un pensador que había tenido un brote psicótico y había sido despreciado por todo y por todos, que es posible reconstruirse, aunque el mundo se derrumbe sobre ti.

Aprendió también que él mismo era un mendigo en el territorio de la emoción, una marioneta social que desconocía cómo ser libre. Salió de las calles, dejó las drogas, volvió con su familia, lloró mucho, incluso en el hombro de su hija. Le pidió sinceras disculpas. Hoy, años después, trabaja en una institución que cuida a los habitantes de la calle. Procura dar lo mejor de sí mismo a aquellos que desistieron de la vida.

Fobias: un verdugo estresante

No sólo hay mendigos en las calles, abandonados; también hay millones de mendigos en el territorio de la emoción, que habitan en bellos departamentos y casas confortables, visten ropa de marca, pero están intensamente estresados, deprimidos, fragmentados, y nadie los acoge o abraza.

Deberíamos usar nuestros instrumentos para enfrentar y transformar el humor deprimido, el pánico, las tensiones, la ansiedad, el autocastigo, en fin, nuestras penurias emocionales. La fobia es una aversión irracional al objeto fóbico, como insectos, elevadores, hablar en público. La dependencia a las drogas, a su vez, es una atracción irracional por una sustancia. Son dos lados del mismo planeta emocional; tanto una como la otra son alimentadas por las ventanas *killer* doble P, producidas por un registro sobredimensionado de experiencias enfermizas.

Una vez que dichas ventanas se instalan, son permitidas y se expanden, la cárcel psíquica se cristaliza. Todas las fobias estresan nuestro cerebro y sabotean nuestros sueños, en especial las que actúan en forma diaria y constante, como la timidez, el miedo a hablar en público y el miedo a los lugares cerrados.

> *La fobia es una aversión irracional al objeto*
> *fóbico [...]. La dependencia a las drogas, a su vez,*
> *es una atracción irracional por una sustancia.*
> *Son dos lados del mismo planeta emocional;*
> *tanto una como la otra son alimentadas por*
> *las ventanas killer doble P.*

Nunca las fobias ensombrecieron tanto al ser humano como en la actualidad. Es difícil que un ser humano escape de sus tentáculos. Son tipos de fobia:

1. Claustrofobia: miedo a los lugares cerrados.
2. Fobia social: miedo de hablar en público o debatir ideas.
3. Timidez: miedo de expresarse en las relaciones interpersonales.
4. Fobia simple: miedo de pequeños animales, como arañas (también conocida como aracnofobia).
5. Agorafobia: miedo a salir de casa.
6. Acrofobia: miedo a las alturas.
7. Tecnofobia: miedo a las nuevas tecnologías.
8. Miedo de correr riesgos (conformismo): miedo de andar por aires nunca antes respirados.

9. Síndrome de pánico: sensación súbita e inminente de morir o desmayarse.
10. Hipocondría: miedo a enfermarse.
11. Futurofobia: miedo del mañana.
12. Miedo a lo desconocido.
13. Miedo al miedo.

Una vez instalada una fobia, el verdadero monstruo ya no es el objeto fóbico, sino el archivo de la experiencia traumática. Una cucaracha se convierte en un dinosaurio, una nueva tecnología genera aversión debido a un sentimiento de incapacidad para aprenderla. Una humillación pública puede bloquear el debate de ideas. Una traición puede asfixiar la entrega en una nueva relación. Esos archivos *killer* estresan el cerebro de tal manera que pueden cerrar el circuito de la memoria y controlar la mente del portador de la fobia, disipando su tranquilidad, saboteando su raciocinio, asfixiando su osadía. El cerebro se arma para huir, no para pensar.

Jamás debemos huir del conflicto. Enfrentarlo con inteligencia es la clave para controlar el estrés. Es fundamental aplicar la técnica del DCD. Dude de todo lo que le controla; critique la cárcel de las fobias, de la inseguridad; y decida en forma estratégica ser libre en su mente, líder de sí mismo, autor de su historia. ¿Cómo aplicar esa técnica? Usando su propia habilidad intelectual innumerables veces durante el día. Usted no puede borrar las ventanas traumáticas, pero tiene una gran oportunidad de reeditarlas. Esa técnica no anula un eventual tratamiento psiquiátrico y/o psicoterapéutico, pero sin duda, puede actuar como un complemento notable fuera del consultorio o, mejor aún, puede ser una poderosa prevención.

Jamás debemos huir del conflicto. Enfrentarlo con inteligencia es la clave para controlar el estrés.

¿Qué tipo de actitud adopta usted ante sus fobias? ¿Y respecto a los conflictos que acaban con el encanto de la existencia? ¿Y ante los estímulos estresantes que lo sacan del punto de equilibrio? ¿Y ante las preocupaciones que aumentan su ansiedad y su irritabilidad? Dejamos que el vehículo mental siga su trayectoria sin intervenir. Somos ingenuos en relación al funcionamiento de la mente. No entendemos que hay un fenómeno (RAM) que registra en la corteza cerebral todas las experiencias no administradas por el yo, convirtiendo en desiertos las áreas nobles de nuestra personalidad. Desde ese ángulo, la psicología y la psiquiatría deben transformarse. Un individuo no se enferma sólo por atravesar los valles de los traumas, de las privaciones y de las pérdidas, sino también por ser un administrador ineficiente de su mente.

Por desgracia, en nuestra sociedad, el Yo es entrenado para quedarse callado en el único lugar en que no se debería silenciar; es adiestrado para ser sumiso en el único lugar en el que no puede ser un siervo; es aprisionado en el único ambiente en el que está destinado a ser libre. Cuando no se administra la mente, los inviernos y las primaveras emocionales ocurren el mismo día; el cielo de la tranquilidad y el infierno de la ansiedad fluctúan de manera intensa y descontrolada.

9

Todas las elecciones implican una pérdida

Como comenté antes, la decisión de construir mi destino me llevó, incluso sin que yo lo entendiera entonces, a reeditar las ventanas *killer* que me encarcelaban. Poco a poco, mi Yo salió de entre el auditorio, desde la condición de espectador pasivo, y subió al escenario de la mente para dirigir el guion de mi historia.

Fue en ese momento que por fin entendí otra herramienta fundamental para cambiar mi historia: todas las elecciones implican pérdidas. Quien no esté preparado para perder lo irrelevante no conquistará lo primordial. Yo era inconsecuente, irresponsable, dado a las fiestas y sin compromiso con el futuro. Para alcanzar la cumbre de la montaña, tenía que dejar de arrastrarme en el suelo.

Muchas personas quieren cautivar a sus hijos, a sus amigos, a sus parejas, sin embargo no transforman su propia impulsividad, irritabilidad y capacidad enfermiza de juzgar, exigir, y de disminuir a los demás. Nunca los cautivan, pues no saben perder.

Muchos quieren tener salud emocional, pero no dan importancia a su sueño, no se entrenan para relajarse, insisten en ser máquinas de trabajar, son víctimas del SPA. Nunca se preocupan por proteger su emoción y filtrar los estímulos estresantes. No saben tomar decisiones. Pueden hasta convertirse en héroes un día, pero en una unidad de cuidados intensivos.

Me gusta recordar a Abraham Lincoln, uno de los políticos más grandes que la historia ha conocido. Él vivió la magia de los vencedores, aplicó por intuición buena parte de las herramientas presentadas en esta obra. Si enseñáramos éstas en todas las escuelas del mundo, desde los años iniciales, los políticos como él no serían raros, sino que surgirían en grandes cosechas.

Nos encanta ver el éxito de alguien, pero detrás de él hay notables fracasos. Esa fue mi historia y la de muchos otros. Abraham Lincoln fue un experto en pérdidas hasta asumir la presidencia de Estados Unidos. Fracasó en los negocios, perdió a su novia, fue derrotado en varias elecciones para diputado estatal y federal y para senador, fue rechazado como vicepresidente. Su apodo bien podría haber sido "Señor Fracaso".

No obstante, cuando un sueño nos guía, cuando no creemos en la suerte y vamos tras las oportunidades en vez de esperar que surjan; cuando, además, usamos el dolor para construirnos y no para destruirnos, los desprecios nos nutren, las humillaciones nos revigorizan, las derrotas nos hacen más fuertes. Un experto en derrotas, que se transforma y se prepararse constantemente, se convierte en un notable vencedor. Todos los conformistas aplauden a los emprendedores.

Abraham Lincoln hizo cosas increíbles. Sin él, Estados Unidos sería un país fragmentado. Él liberó a los esclavos en la década de 1860; sin embargo, por desconocer el funcionamiento de la mente, no usó las técnicas para impedir que el racismo continuara arraigado en el inconsciente colectivo de millones de estadunidenses. Cambiar la ley sin desatar las trampas de la emoción no resolvió el prejuicio. Faltó unir el sueño de libertad con la disciplina pedagógica para cambiar la mente de las personas, en especial la de los blancos.

No es fácil cambiar el carácter de un pueblo, su ética, su compromiso social, su sentido de colectividad y, en consecuencia, romper la cárcel del egocentrismo. Y es cada vez más necesario reeditar con disciplina las ventanas *killer*, ya que es imposible apagarlas. Sin reeditar esos archivos traumáticos, los tímidos seguirán siendo inseguros, los pesimistas seguirán sufriendo por el futuro, los conformistas seguirán siendo esclavos de sus miedos.

Un gran soñador: el destino no es inevitable

El líder afroamericano Martin Luther King soñó con una sociedad libre no sólo en la Constitución, sino también en el territorio de la emoción. Su sueño lo llevó a tener disciplina, y ésta lo llevó a trazar estrategias: salía a las calles y avenidas de las grandes ciudades de Estados Unidos proclamando libertad e igualdad entre blancos y negros. Sus estrategias le condujeron a hacer grandes elecciones y éstas, bien lo sabía él, podrían conducir a pérdidas significativas. Luther King estaba consciente de que podían matarlo. Y así sucedió. Sin embargo, consideró el sueño de la libertad más importante que esconderse. Su comportamiento reescribió una importante página de la historia estadunidense.

Reitero: los sueños necesitan disciplina; la disciplina necesita concentración; ésta necesita estrategias; las estrategias necesitan decisiones; y todas las grandes decisiones implican pérdidas notables.

Cuando usted está dispuesto a perder para obtener grandes conquistas, determinará su éxito. Después de 20 mil sesiones de psicoterapia y consultas psiquiátricas, y de décadas investigando la inteligencia humana, estoy convencido de que cada persona tiene habilidades increíbles. Sin embargo, pocos las desarrollan, las pulen o entrenan. Están los que malgastan el dinero; otros desperdician el potencial intelectual. ¿Y usted?

Cuando usted está dispuesto a perder para obtener grandes conquistas, determinará su éxito.

Debemos entender que el destino no es inevitable, sino una cuestión de elección. Muchos quieren el perfume de las flores, pero pocos se ensucian las manos para cultivarlas. Si creyera en el destino, yo estaría perdido. Todas mis circunstancias externas e internas apuntaban al fracaso. Dos años después de decidir correr detrás de mi sueño, pasé de ser un pésimo alumno de una escuela pública a ser uno de los mejores en matemáticas, química y física. ¿El resultado? Al final quedé en quinto lugar en la facultad de medicina entre más de 1,500 alumnos. ¡Fue un gran regocijo! Amé el perfume de las flores, pero había aprendido con humildad a ensuciarme las manos para cultivarlas.

Los sueños y la disciplina vencieron. Sonreí, me alegré, festejé, pero no sabía que desiertos más áridos estaban por venir.

Si creyera en el destino, yo estaría perdido.
Todas mis circunstancias externas e internas
apuntaban al fracaso.

10

El dolor nos destruye o nos construye

Todo parecía perfecto en la facultad de medicina; sin embargo, en el segundo año atravesé los valles sórdidos del estrés mental, los desiertos inhóspitos de un estado depresivo. No sabía que la depresión era el último estadio del dolor humano. No sabía que las palabras no bastaban para describirla.

Siempre fui alegre, sociable, de buen humor. Disfrutaba de la vida como pocos. Pero era hipersensible. No tenía protección emocional. Y mi madre tampoco. A pesar de ser una persona encantadora, tenía periodos de una emoción que la hacía sufrir. Mi padre tenía buen humor, era activo, dinámico, un ser humano increíble, aunque tuviera una baja capacidad para soportar las contrariedades. Incluso las personas admirables fracasan. En una existencia tan breve, muchas personas sienten la necesidad neurótica de cambiar de esposo o esposa, lo que convierte la relación familiar en una fuente de estrés para los hijos.

Más tarde, ya como investigador, entendí otra herramienta para controlar el estrés: detrás de las personas que nos hieren, siempre hay personas heridas.

Estar discutiendo todo el tiempo también crea circuitos cerebrales viciosos. Hay parejas que se aman, pero que no logran apaciguar los ánimos y se vuelven especialistas en desavenencias. Vivir las tormentas familiares contribuyó a abandonar mi emoción. Más tarde, ya como investigador, entendí otra herramienta para controlar el estrés: detrás de las personas que nos hieren, siempre hay personas heridas.

No debemos culpar a nadie de nuestras carencias psíquicas, pues culpar le quita la vitalidad al Yo para reescribir su propia historia, y nos convierte en rehenes del pasado. Cuando, en mis conferencias, pregunto quién piensa constantemente en pérdidas y frustraciones, más de una tercera parte del auditorio levanta la mano. Hay millones de seres humanos que son rehenes de su propia historia. Debemos analizar y comprender nuestro pasado para reeditar las ventanas traumáticas y, sobre todo, preparar nuestro Yo para ser autor de nuestra historia.

Cuando tuve mi crisis depresiva, me sumergí dentro de mí, escudriñé mi dolor. Debería haber buscado un psiquiatra o un psicólogo clínico, pero no lo hice; fue un error, una actitud poco recomendable. En aquella época había muchos prejuicios sobre buscar ayuda profesional. En ese dramático periodo, entendí que las lágrimas que no tenemos el coraje de llorar son más penetrantes y considerables que las que se exhiben en el escenario del rostro.

Incluso aunque fuera sociable, no filtraba los estímulos estresantes, vivía el dolor de los demás, sufría por anticipación, era hiperpensante, ansioso, muy preocupado en agradar a las personas, y tenía una enorme dificultad para lidiar con las pérdidas. Era una buena persona, pero no para mí mismo; era mi propio verdugo, con la emoción desprotegida por completo. Por un tiempo perdí el sentido de mi existencia, asfixié mi placer de vivir, mi mente fue asaltada por pensamientos pesimistas. Como toda persona deprimida, yo era un prisionero en una sociedad libre. Sonreía por fuera, pero lloraba por dentro. Tenía muchos amigos, pero no había nadie con quién vivir las matemáticas de la emoción: cuando divides, sumas...

No obstante, no me intimidé. No fui pasivo, al contrario, usé las herramientas que estoy describiendo para superarme. En vez de considerarme víctima del mundo y de mi historia, rectifiqué, confronté y rechacé mi crisis depresiva, como hace un abogado defensor en el tribunal. Mi Yo estaba frágil y debilitado. Incluso así, al mismo tiempo que analizaba mi historia, comencé a gritar en el silencio de mi mente: "¡No nací así, no seré así! No estoy de acuerdo en ser esclavo de mi dolor".

*Era una buena persona, pero no para mí
mismo; era mi propio verdugo, con la emoción
desprotegida por completo. Por un tiempo perdí
el sentido de mi existencia, asfixié mi placer de
vivir, mi mente fue asaltada por pensamientos
pesimistas.*

Una vez más, vivía esa tesis según la cual el destino no es inevitable, sino una cuestión de elección; yo elegí ser feliz y saludable.

Busque dentro de sí mismo su propia dirección

Fue durante esa inmersión introspectiva cuando observé mi propio caos emocional, cuando entendí otra herramienta de quienes alcanzan sus metas: el dolor nos destruye o nos construye. Muchas personas usan el dolor para castigarse, para disminuirse, para aislarse. En cuanto a mí, lo usé para pulirme, como mentor para que me enseñara a buscar el más importante de todos los objetivos: el mío. Un objetivo que pocos encuentran.

¿Usted ya encontró su objetivo? ¿Qué hace con su dolor, sea una crisis financiera, el rechazo, el pánico o el humor depresivo? ¿Lo usa para fortalecerse o es controlado, burlado, asfixiado por él? Úselo para construirse; esto incluso, potencializa la acción de los medicamentos psicotrópicos y las técnicas psicoterapéuticas.

¿Cómo usé el dolor para construirme? Hago un relato detallado de esto en el libro *Gestão da emoção*, una de las obras más importantes que he escrito. En él hay muchas técnicas para el desarrollo de las habilidades personales y profesionales, de razonamiento complejo, de administración de la emoción para promover la salud emocional. A continuación enumero algunas:

1. Renunciar a ser perfecto.
2. Tener autoconsciencia: preguntarse todo el tiempo sobre el propio conflicto.
3. Realizar un autoanálisis: ubicar los propios fantasmas mentales.
4. Establecer metas claras: saber dónde está y a dónde quiere llegar.
5. Tener enfoque y disciplina.
6. Todas las elecciones implican algunas pérdidas.

Mi conflicto me condujo a interiorizar a profundidad y a desarrollar el arte de la pregunta en su sentido más amplio. Sin saber muy bien cómo ubicar mis fantasmas mentales, a diario me preguntaba: ¿Cómo pienso? ¿Por qué pienso? ¿Cuál es la naturaleza de mis pensamientos? ¿Qué vínculo tienen los pensamientos con las emociones? ¿Por qué soy esclavo del sufrimiento anticipatorio? ¿Por qué no soy libre en el territorio de la emoción? ¿Por qué no la controlo?

Muchas personas usan el dolor para castigarse,
para disminuirse, para aislarse. En cuanto a mí,
lo usé para pulirme, como mentor para que me
enseñara a buscar la más importante de todos
los objetivos: el mío.

Parecía un loco intentando entender los fenómenos que me esclavizaban. Me cuestionaba constantemente y escribía todas las respuestas, superficiales o profundas. El proceso de descubrirme y describirme se volvió incontrolable. En aquellos momentos de dolor, nacieron el escritor y el investigador. Nació un investigador deslumbrado por la construcción de pensamientos, un cuestionador preocupado por la psique humana, atónito por la generación de las ideas, aunque éstas fueran aterradoras, perturbadoras, angustiantes.

Un pasaporte para el viaje más fascinante

El sufrimiento se convirtió en mi pasaporte para hacer el viaje más fascinante, uno que pocos se arriesgan a emprender: el viaje a los bastidores del planeta mente. Observaba a mis colegas médicos, profesores, pacientes, hermanos, amigos, y no veía a nadie fascinado con el fenómeno de la vida, con el acto de pensar. Todo parecía banal, común. Parecía que eran dioses que sabían mucho sobre lo que yo desconocía o que estaban paralizados por el sistema social, el cual nos transforma en números de pasaporte y de tarjeta de crédito. Nunca más dejé de escribir, de leer, de investigar. Nunca más interrumpí mi interés por acceder de manera generosa y profunda en mi mente y en la de mis pacientes.

Incluso, como estudiante de medicina, antes de encaminarme hacia la psiquiatría y la psicoterapia, comencé a atender a los pacientes de manera diferente. Quería conocer a cada uno de ellos: ir más allá de un hígado con cirrosis, de un estómago con úlcera, de un cerebro con tumor cancerígeno, para penetrar en fobias, angustias, ideas, pesadillas, actuación del Yo. Ese era mi placer.

Descubrí algo simple y fantástico, pero que pocos saben: tanto un paciente psicótico como un profesional de la salud mental, tanto un mendigo como un magnate presentan la misma complejidad en el proceso de construcción de pensamientos. Por eso, cualquier clasificación es insensata. Es tonto y débil, desde una perspectiva intelectual, calificar a unos como celebridades y a los otros como anónimos, a unos como normales y a otros como anormales, a unos como millonarios y a otros como pobres. Cada uno de nosotros es un universo por explorar.

Escribía mis ideas en el directorio académico, en una sala oscura, húmeda, lúgubre, llena de basura, con miles de cajas con muestras gratuitas de medicamentos que recibíamos de los laboratorios, apiladas en el suelo. Era un ambiente horrible, pero era mi ambiente, mi paraíso intelectual. Permanecía durante horas aislado, todos los días.

Cierto día, interrumpí mis estudios e invité a una chica, una estudiante de medicina como yo, a tomar algo. Cuando íbamos saliendo de la sala, una nota cayó de mi bolsillo; yo cargaba centenares de notas, pues hacía acotaciones sobre el comportamiento de los demás y sobre mi mente en cualquier lugar. Para que la chica no pensara que la nota me la había enviado alguien más intervine de inmediato: "Oye, no soy muy normal... Estoy investigando y escribiendo sobre el funcionamiento de la mente". Dado que el amor es ilógico, ella no desistió de esa relación al oírme decir semejante cosa.

¿Usted tiene miedo de la soledad? ¿Puede quedarse solo, desconectado del smartphone y de las redes sociales? ¿El aburrimiento lo perturba? El riesgo de ser una máquina de trabajar, de realizar actividades, de resolver problemas, de usar internet, es grande en esta sociedad apresurada y ansiosa.

Del tercero al sexto año de medicina, llené centenares de páginas con observaciones, reflexiones, análisis y conclusiones. En ese recorrido, descubrí otra herramienta para transformar mis sueños en realidad: nada es tan importante para la creatividad como la soledad; quien tiene miedo de la soledad no logra interiorizarse, cuestionarse, liberar su imaginación y construir ideas propias, es un mero repetidor de datos.

¿Usted tiene miedo de la soledad? ¿Puede quedarse solo, desconectado del smartphone y de las redes sociales? ¿El aburrimiento lo perturba? El riesgo de ser una máquina de trabajar, de realizar actividades, de resolver problemas, de usar internet, es grande en esta sociedad apresurada y ansiosa.

Usted no se imagina lo que está perdiendo por no entrar en las capas más profundas de su mente. Usted puede tener defectos, irritarse por tonterías, ser inquieto, sufrir por el futuro, pero su biografía es única. Usted puede ser rechazado como profesionista si no desarrolla las habilidades socioemocionales como la proactividad, la osadía, la flexibilidad; pero como ser humano, usted es insustituible. Si su autoestima es baja, usted está siendo injusto con su propia complejidad. Jamás deberíamos colocarnos al filo de la historia social ni de nuestra propia historia. Es vital invertir en nuestra salud emocional.

Los grandes sueños nacen en el caos

No hay sueño más bello que usar nuestra historia y nuestra profesión para aliviar el dolor de los demás. La verdadera felicidad nace en el suelo de la generosidad, pues el individualismo, el egocentrismo y el egoísmo actúan en contra de la salud psíquica. Quien es individualista no es amable, ni siquiera consigo mismo. Quien es egocéntrico es su peor verdugo. No se relaja ni disfruta la vida. Se perturba a sí mismo y a los demás.

A pesar de mis defectos, a medida que descubría, atónito, algunas áreas del funcionamiento de la mente y del mundo inimaginable que hay dentro de cada ser humano, el sueño de producir conocimiento y contribuir de alguna forma a la evolución socioemocional de la humanidad comenzaba a controlarme noche y día. Cuando me formé, tenía el sueño de publicar mis ideas. ¿Pero cómo? ¿Qué hacer? Nadie me apoyó, nadie me orientó. Entonces busqué la dirección de las editoriales, toqué la puerta sin seguir ningún horario. Animado, entregué el material. Unos editores me creyeron extraño, otros loco, otros, incluso, osado. ¿Sabe cuántas editoriales me apoyaron? Ninguna.

Yo tenía que ganarme la vida, necesitaba trabajar. Ya estaba casado. Pronto tuve un gran espacio en los principales medios de comunicación de Brasil. Años después, en el auge de la fama, con mi imagen pública estampada en los periódicos y la televisión, me di cuenta de que estaba traicionando mi mayor sueño. Cambié la exposición social por el anonimato. Me fui a ejercer la psiquiatría en una ciudad del interior. Y durante las noches, los días feriados, los fines de semana, las vacaciones, escribía. Me dedicaba a escribir una nueva teoría sobre el proceso de formación del Yo, el proceso de construcción de los pensamientos, los papeles conscientes e inconscientes de la memoria, la administración de la emoción y el proceso de formación de pensadores.

Fueron más de 25 años de análisis, investigación y producción de conocimiento; un tiempo largo, saturado de aventuras, pero también de fatiga y de preguntas que no tenían respuesta. Para ese momento, tenía más de tres mil páginas escritas, que resultaron en la Teoría de la Inteligencia Multifocal. ¿Quién publicaría un libro tan grande? ¿Qué editorial apreciaría un "tratado" de psicología en un país que no aplaude a sus científicos, mucho menos a los "teóricos" que producen ciencia básica, y para colmo en un área en la que pocos pensadores osaron penetrar: la naturaleza de los pensamientos, sus tipos y procesos constructivos? Para muchas personas, aquello era un delirio, yo había desperdiciado mucho tiempo de mi vida. Enfrenté un intenso e indescriptible estrés cerebral.

Todos los que superan el caos, el prejuicio, los rechazos y las críticas sociales viven fuera de la periferia. Son controlados por una motivación casi inexplicable.

Todos los que superan el caos, el prejuicio, los rechazos y las críticas sociales viven fuera de la periferia. Son controlados por una motivación casi inexplicable. Se ven invadidos por un estrés productivo y no por un estrés paralizante, que fomenta la aparición de síntomas incapacitantes. Al fuego de esa motivación, resumí todo mi material y lo envié a varias editoriales. De nuevo fui ingenuo al creer que recibiría apoyo; otra dosis de romanticismo, otra vez un brindis utópico que resultó en otro golpe a mis sueños.

Las respuestas tardías son dolorosas, y las negativas son abismales. Tardaban meses en llegar. Al abrir la correspondencia, yo sentía taquicardia, aumento de la ventilación pulmonar, un descenso de ánimo y enseguida venía la decepción. Ninguna editorial se interesó en publicar la teoría. Después de otras dos décadas incansables, mi sueño se había

convertido en pesadilla. Yo besaría la lona de los fracasa-
dos, estaba condenado a enterrar, en el suelo de mi historia, el mayor proyecto de mi vida.

Pero recuerde: los sueños sin disciplina producen personas frustradas; el destino no es inevitable, sino una
cuestión de elección; el dolor no nos destruye, sirve como
sustento para construirnos; las lágrimas no son vacías,
sino que nutren nuestra capacidad de reinventarnos.

Muchas personas que atraviesan conflictos psíquicos
no los resuelven no porque la sociedad las abandone, sino
porque ellas mismas se abandonan; no porque no tengan
potencial para transformar sus traumas, sino porque no
fueron educadas para escribir los textos más nobles en los
días más tristes de su existencia.

Yo no podía abandonarme; si lo hacía, mi estrés cerebral sería infructuoso: abandonaría mis sueños. Insis-
tí, continué, envié nuevos ejemplares a las editoriales. No
hay noche que resista la luz del sol. Tarde o temprano, las
angustiantes tempestades nocturnas son seducidas por la
tranquila sinfonía del día. Tarde o temprano, apartamos en
silencio los retoños de los rigurosos inviernos existenciales,
que eclosionan como flores perfumadas en las primaveras.

Por fin, una editorial apostó en el proyecto y yo publi-
qué mi teoría en el libro *La inteligencia multifocal*. El editor sugirió quitar más de quinientos términos para facilitar
la lectura. El sueño que parecía casi imposible se realizó.
Pero pocos entendieron lo que escribí, debido a la complejidad de los fenómenos que operan en milésimas de segundo
para leer la memoria y construir cadenas de pensamientos.

Algunos académicos decían que estaban usando mi teoría en sus tesis de doctorado, pero como fueron raras las personas que la entendieron, decidí democratizar el acceso a ella, escribiendo libros de aplicación psicológica, sociológica y pedagógica. Transformé el lenguaje rebuscado y comencé a escribir y reescribir de forma más comprensible, compuesta por metáforas. Escribir lo complejo de manera simple es mucho más difícil que escribir de forma hermética, cerrada.

Las tres mil páginas que escribí al principio resultaron en más de 40 libros. Todavía hay más de dos mil páginas inéditas. Fue una historia interesante, tal como la suya, si usted toma las decisiones correctas. Me gustaría que los adultos y los jóvenes (principalmente ellos) tuvieran grandes proyectos y lucharan por ellos. Expuse mis desiertos para animarlos a no ser conformistas, autocompasivos, consumistas, víctimas de las crisis, rehenes del pasado o prisioneros del miedo al futuro.

Hoy, me publican en más de 70 países, entre los cuales están Estados Unidos de América, Rusia, China, Corea del Sur, Italia, Rumania, Serbia, países de África y de América Latina. Con humildad, puedo contar que todos los años me leen más de 10 millones de personas.

Expuse mis desiertos para animarlos a no ser conformistas, autocompasivos, consumistas, víctimas de las crisis, rehenes del pasado o prisioneros del miedo al futuro.

Además, las universidades recomiendan mis libros. Diversas tesis académicas usan la Teoría de la Inteligencia Multifocal como referencia. Escribí el primer programa mundial de Administración de la Emoción, lanzado en el libro del mismo nombre.

Además del programa Administración de la Emoción, lancé Freemind, uno de los primeros programas mundiales, quizás el primero, de prevención de trastornos psíquicos, para más de 600 profesionistas de varios países, entre ellos profesores y doctores de psicología, *coaching*, educación. Puse el programa a disposición gratuita para todos los pueblos, y varios países ya se están organizando para aplicarlo. Freemind contiene doce herramientas, entre ellas, desarrollar el papel del Yo como autor de la propia historia, administrar pensamientos, proteger la emoción, filtrar estímulos estresantes, trabajar pérdidas y frustraciones, reeditar la memoria.

Asimismo desarrollé el programa Escuela de la Inteligencia y Menthes. Hemos llegado a más de 200 mil alumnos y casi un millón de personas en forma directa por medio de esos programas de educación de la emoción, administración de la ansiedad, desarrollo del razonamiento complejo y formación del Yo como autor de la propia historia.

Ante toda esa trayectoria, me siento, con toda sinceridad, apenas un siervo de la sociedad. Critico el culto a la celebridad pues, en los bastidores de la mente, tanto un mendigo como uno de los hombres más ricos del planeta, de *Forbes*, tanto un paciente psicótico como un intelectual, tienen la misma complejidad y dignidad.

Todos tienen su genialidad

Yo, que tuve la segunda peor calificación de la clase, que vivía divagando. Después de toda esa trayectoria, recibí el título de miembro honorario de una academia de genios de un instituto de inteligencia de Europa. "¿Yo, genio"?, pensé para mí mismo. "¡Qué bien sé engañar!" Todos pueden llegar a donde yo llegué, o ir mucho más lejos, si aplican a diario las herramientas a lo largo de la vida.

Sin embargo, como autor de una teoría sobre el desarrollo de la inteligencia, estoy convencido de que, incluso cuando no seamos genios desde la perspectiva genética, aunque nuestra memoria no sea excelente para almacenar y recuperar datos, podemos desarrollar una notable genialidad funcional. ¿Cómo?

Cuando usted aprende a proteger la emoción y filtrar los estímulos estresantes, es un genio de la salud emocional. Cuando aprende a administrar sus pensamientos, a desacelerar su mente y a contemplar lo que el dinero no puede comprar, es un genio de la administración del estrés y de la calidad de vida. Cuando piensa antes de reaccionar y se pone en el lugar de los demás, es un genio en el desarrollo de relaciones sociales. Cuando usted se asume como un eterno aprendiz, un pequeño caminante que recorre la senda del tiempo en busca de sí mismo, se vuelve un genio de la creatividad y el autoconocimiento.

11

Resiliencia
y la administración
del estrés

¡CUIDADO CON EL AUTOCASTIGO!

Todos nos tropezamos, fallamos, atravesamos crisis, tenemos nuestras locuras. La manera en que un ser humano fomenta su descalabro en cualquier área es gravitando en la órbita de sus fracasos, sus recaídas, sus miedos, su sentimiento de incapacidad. Eso puede pulverizar sus sueños y asfixiar su disciplina. Quien se culpa demasiado puede ahogarse en los pantanos del autocastigo.

Las pérdidas, las crisis, las decepciones, las traiciones, las humillaciones, imprimen en la memoria, a través del fenómeno RAM, múltiples ventanas traumáticas, algunas doble P. Esas ventanas contienen la representación del conflicto. No pueden borrarse de la corteza cerebral, sólo pueden ser reeditadas. La única posibilidad de borrar la memoria es por medio de lesiones cerebrales, como un traumatismo craneoencefálico, un accidente vascular cerebral, un tumor o una degeneración celular.

Siempre debemos traer a nuestra memoria el pensamiento de que cada ser humano es complejo y completo; y, por lo tanto, posee habilidades increíbles para transformar su historia, aunque la mayoría use como máximo 10 por ciento de su potencial del Yo (por eso, con frecuencia somos espectadores pasivos de nuestros conflictos, limitaciones, fobias, inseguridad, ansiedad).

Si utilizamos la técnica del DCD, inyectaremos combustible en la construcción de los sueños y en la aplicación de la disciplina. El Yo debe ser entrenado para salir de entre la audiencia ante una crisis, una frustración, una traición, una pérdida financiera, un drama afectivo, para entrar en el escenario y pregonar con solemnidad que dirigirá el guion de su historia, que no dejará de actuar como el personaje principal. Una persona que siempre se exige demasiado estresa constantemente a su cerebro y fomenta el autocastigo, lo que es un terrible error.

Hay notables psiquiatras y psicólogos que, por no conocer las ventanas *light y killer* en los bastidores de la psique, no preparan a sus pacientes para las trampas emocionales y el enfrentamiento de las recaídas inesperadas e indeseables. Es vital aprender a transformar el caos en oportunidad creativa, y el drama en comedia. Es fácil tener sueños y disciplina cuando se vuela en cielos despejados. Lo difícil, aunque imprescindible, es tenerlos cuando atravesamos terremotos emocionales y sociales. Y debemos estar conscientes de que, tarde o temprano, todos las atravesaremos.

De frente a tal existencia compleja e imprevisible, es fundamental desarrollar una de las más nobles funciones de la inteligencia: la resiliencia, una característica de la personalidad, una habilidad multifocal y socioemocional a la cual muchos observan de lejos, pero que pocos han conquistado. Es el mejor puente entre la disciplina y los sueños, sin la cual la magia de los vencedores se convierte en el hechizo de los traumatizados y la pesadilla de los derrotados.

Resiliencia es un término de la física que tomamos prestado en la psicología. Desde el punto de vista de las ciencias físicas, la resiliencia es la capacidad de un material para soportar tensiones, presiones, temperaturas y adversidades. Es la propiedad de extenderse y asumir formas y contornos, a fin de mantener su integridad, preservar su anatomía, conservar su esencia.

Transportada a la psicología, la resiliencia es atribuida a las habilidades del Yo para ser autor de su propia historia y preservar los recursos del cerebro ante las tensiones de la vida, causadas por conflictos, traumas, pérdidas, traiciones, humillaciones y crisis económicas, sociales, políticas. Para la Escuela Menthes y la Escuela de la Inteligencia, programas que desarrollé y que utilizan mis metodologías, la resiliencia es una de las herramientas más notables de la inteligencia socioemocional. Una mente resiliente es crucial para la administración de la ansiedad y del estrés. Sin resiliencia, los generales se vuelven débiles soldados, los reyes se vuelven niños en el territorio de la emoción, los profesionistas sucumben ante las crisis, las parejas enamoradas transforman sus romances en un valle de discusiones, los jóvenes hacen de su emoción tierra de nadie. Sus metas se vuelven oscuras, accidentadas. Para desarrollar la resiliencia es necesario realzar nuevos hábitos socioemocionales:

1. **Hacer que el Yo sea capaz de soportar con madurez las tormentas sociales, sin abandonar el barco o desistir de la vida.** Exigir, autocastigarse, blasfemar, sentirse desafortunado, ser controlado por los celos, la rabia y el sentimiento de venganza son buenos ejemplos de actitudes de un ser humano carente de resiliencia, inmaduro desde el punto de vista emocional. Un ser humano resiliente no intenta suicidarse ni agrede a los demás, sino que escribe los capítulos más importantes de su vida en los días más dramáticos de su existencia.

2. **Hacer que el Yo pueda comenzar de nuevo tantas veces como sea necesario.** Consiste en enfrentar las contrariedades y mantener la integridad. Es preservar la salud emocional incluso cuando nuestro piso se desmorona y todo lo que programamos no funciona o sale mal. Resiliencia es mantener nuestra motivación para dar siempre una nueva oportunidad a quienes amamos y a nosotros mismos. Es ver lo invisible, creer en la vida y jamás apagar la llama de la esperanza, incluso cuando decimos que ya no da para más.

3. **Hacer que el Yo tenga plena consciencia de que las relaciones interpersonales son complejas, y a veces traumáticas.** Un Yo resiliente no es ingenuo, al contrario, tiene consciencia crítica. Sabe que, en una

relación amorosa, después de que la pasión disminuye, aparece la ropa esparcida por la recámara, la pasta de dientes embarrada en el espejo y los zapatos fuera de lugar. Sin embargo, en vez de reprochar, una pareja resiliente da más y exige menos, elogia más y critica menos, se ríe de algunas manías, sonríe ante los miedos, vive la vida con mayor suavidad.

4. **Hacer que el Yo desarrolle tolerancia, generosidad y flexibilidad durante la jornada existencial.** La rigidez, el radicalismo, el autoritarismo, la necesidad neurótica de levantar la voz y de imponer las ideas, el exceso de críticas y los chantajes son características principales de quien no es resiliente. Quien tiene esos comportamientos tiene una fuerza falsa, es un falso héroe, prefiere usar la fuerza a utilizar la inteligencia. La resiliencia exige coraje para expresar las ideas, humildad para reconocer los errores y rapidez para cambiar el rumbo.

5. **Hacer que el Yo comprenda que el destino no es inevitable, sino una cuestión de elección, y de asumir la responsabilidad y no culpar a la vida y a los demás por las propias derrotas.** Existe la tesis de que, para tener éxito, es necesario estar en el lugar correcto con las personas correctas, pero esa situación es rara y depende de factores que no controlamos. Quien vive creyendo en la suerte y el azar asfixia su inteligencia, le quita al Yo la responsabilidad de reinventarse. Si las oportunidades no aparecen, el Yo resiliente debe construirlas. Culpar a los demás, al jefe, a la familia,

en fin, a los estímulos externos por nuestros fracasos es una excelente forma de seguir siendo un derrotado, de aprisionarse en la cárcel de la monotonía.

6. **Hacer que el Yo logre psicoadaptarse a los cambios y transformar el caos en una oportunidad creativa y no autodestructiva.** Una mente resiliente revoluciona el planeta, por lo menos su planeta personal. La magia de los vencedores exige dosis notables de resiliencia, y la resiliencia exige que no se desperdicie energía en el fango del autocastigo, de las derrotas y las pérdidas, sino que se utilice la vitalidad para liberar la imaginación y encontrar nuevas soluciones. Resiliencia es, por encima de todo, la capacidad del Yo de innovarse, de usar el estrés a su favor para reinventarse.

PREPÁRESE PARA LAS ADVERSIDADES DE LA VIDA

La resiliencia prepara para la vida mucho más que la enseñanza de materias clásicas como matemáticas, física o química. En las matemáticas numéricas, dividir es disminuir; en las matemáticas de la resiliencia, dividir es sumar: cuando se comparten determinados conflictos con los padres y profesores, se aumenta la capacidad de superación. En la física clásica, una acción genera una reacción; en la física de la emoción, no debemos actuar por el simple mecanismo de acción-reacción, como un contraataque, pues la agresión retroalimenta la violencia. Al contrario, debemos entrenarnos para pensar antes de reaccionar y entender que detrás de una persona que hiere, hay una persona herida. Esa habilidad filtra los estímulos estresantes y promueve la generosidad.

Sin importar que la escuela de su hijo cobre una mensualidad muy elevada, tenga recursos multimedia o un historial con las mejores calificaciones del país, pregunte si ahí se enseñan materias para la vida. No basta con enseñar valores como ética y honestidad, pues una mente libre y una emoción saludable requieren de herramientas emocionales más profundas, como ser resiliente, flexible, osado, inventivo, protector de la emoción. Muchos enferman bajo el cuidado de padres que creyeron haberles dado lo mejor.

Una persona que tiene un bajo grado
de resiliencia trabaja mal sus pérdidas,
frustraciones y adversidades, lo que puede
desencadenar una depresión, síndrome
de pánico, ansiedad, síntomas psicosomáticos
o dependencia a las drogas.

El grado de resiliencia depende del grado de adaptabilidad y de la capacidad de superación que el ser humano presenta ante los accidentes que ocurren en su jornada de vida. Esa propiedad no es genética, sino aprendida. Sin embargo, ese aprendizaje es complejo, no se realiza sólo incorporando a la memoria millones de datos sobre el mundo exterior. Es necesario conocer, aunque sea en forma mínima, el funcionamiento del planeta psíquico. Una persona que tiene un bajo grado de resiliencia trabaja mal sus pérdidas, frustraciones y adversidades, lo que puede desencadenar una depresión, síndrome de pánico, ansiedad, síntomas psicosomáticos o dependencia a las drogas.

Sin sombra de duda, hay de crisis a crisis. Algunas son dramáticas, imprimen un dolor imposible de ser traducido en palabras. Pero en cualquiera de ellas es posible aplicar la herramienta de la resiliencia para relajar las tensiones emocionales y las presiones sociales. Nadie puede ser un gran vencedor en el mundo de afuera si antes no aprende a serlo en su propia mente. Es fundamental nutrir a diario la resiliencia.

A continuación presento seis principios para nutrir la resiliencia:

1. Nadie es digno del podio si no supera fracasos para alcanzarlo.
2. Nadie alcanza la madurez si no usa las lágrimas para nutrirla.
3. Nadie construye su salud psíquica si no usa sus crisis, sus fobias y sus depresiones para sublimarla.
4. Nadie es digno de libertad si no aprende a pensar antes de reaccionar.
5. Nadie es digno de tranquilidad si no ubica a sus demonios emocionales (fobias, celos, venganza, ansiedad, humor depresivo, impulsividad, autocastigo, etcétera).
6. Nadie reedita su memoria sin dar un golpe de lucidez a sus pensamientos perturbadores y emociones an-

gustiantes, en especial usando las técnicas universales que forman mentes brillantes, el DCD y la técnica de la mesa redonda del Yo.

La práctica de esas técnicas no sólo reedita la película del inconsciente (ventanas *killer*), sino que también forma nuevos núcleos de habitación del Yo (ventanas *light*) en la corteza cerebral, capaces de expresar características saludables de la personalidad, como seguridad, autoconfianza, autocontrol, moderación, paciencia, osadía y flexibilidad.

Bienvenidos a la revolución psicológica, sociológica y pedagógica en el seno de la humanidad. Prepárese para un cambio de paradigma: la transformación de la era de información que bombardea la corteza cerebral en la era del Yo como administrador de la mente humana y autor de su propia historia.

12

El maestro de maestros en la administración del estrés

EL MÁS EXTRAORDINARIO MAESTRO DE LA EMOCIÓN

Hace más de dos milenios, existió un maestro que enseñaba a proteger la emoción y a controlar el estrés, pero por desgracia, nunca fue estudiado desde el ángulo de las ciencias humanas. Él revolucionó el proceso de formación de pensadores y de mentes libres y tranquilas. Sabía provocar que las personas se salieran de la inercia, rompieran la cárcel de la autocompasión, del conformismo, de las falsas creencias, del autocastigo.

Nadie que se aproximara a él permanecía en su zona de confort. Criticaba el razonamiento unifocal, que retroalimenta la violencia, pues se basa en el fenómeno de acción-reacción. Era adepto de la tesis según la cual no debemos comprar lo que no nos pertenece. Su paz valía oro; el resto era basura emocional. No merecían crédito alguno las habladurías, las calumnias, los rechazos.

*De todos los pensadores que analicé, ninguno
fue más fantástico, sorprendente e innovador
que él (Jesús). Y ninguno recibió tanta injusticia.*

Una de sus grandes metas era estimular el razonamiento complejo o multiangular, que considera al mismo tiempo múltiples posibilidades. Usaba metáforas o parábolas para entrenar el razonamiento complejo. Quebrar prejuicios, romper paradigmas, luchar contra la exclusión social; eran otros de sus métodos. Él no discriminaba a las personas; ponía a los locos y a los genios en la misma clase. No escatimaba esfuerzos para abrir el cofre hermético de la mente de las personas, aunque por esa actitud le pusieran precio a su cabeza.

Para él, las religiones podían ser fuente de salud psíquica o de enfermedades mentales, dependiendo del aprendizaje de comportamientos como ponerse en el lugar de los demás, pensar antes de reaccionar, recoger las "armas", abrazar más y juzgar menos.

Mi teoría no sólo estudia la sofisticada frontera de la construcción de pensamientos, sino también el intrincado proceso de formación de pensadores. De todos los pensadores que analicé, ninguno fue más fantástico, sorprendente e innovador que él. Y ninguno recibió tanta injusticia, incluso de parte de cientos de millones de personas que dicen seguirlo. ¿Por qué? Porque nunca estudiaron sus comportamientos a la luz de la psicología. ¿El resultado? A lo largo de los siglos, las religiones no usaron las herramientas para desarrollar la salud emocional, social, la protección cerebral, la inventiva. Sin esas herramientas, los religiosos tienen el mismo grado de exposición a los trastornos psíquicos que cualquier ser humano.

En la actualidad hay en el mundo 2,000 millones de personas que se afirman cristianas, y cerca de 1,600 millones de musulmanas. Sin embargo, los líderes religiosos de las más variadas corrientes desconocen por completo las poderosas técnicas que el hombre elogiado por más de la mitad de la humanidad usó para administrar su mente, filtrar los estímulos estresantes, educar la emoción de sus discípulos. Por eso es tan fácil enfermar el día de hoy.

En la actualidad, ser líder, religioso o empresarial, es una invitación a asfixiar la emoción. Los liderados no sólo tienen poca o ninguna habilidad para ser proactivos, emprendedores, creativos, sino que también cargan en su bagaje mental un conjunto de trastornos psíquicos, desde timidez hasta fobias, desde ansiedad hasta bajo umbral para soportar frustraciones. Poco preparados, los líderes enferman junto con sus liderados.

¿Cuándo vivió Jesús el ápice del estrés?

Era de esperar que el cerebro del maestro de Galilea estuviera estresado en extremo, en estado continuo de alerta, ya que sus ideas revolucionarias lo ponían en constante riesgo de muerte. Y, para completar su fuente de problemas, Jesús eligió liderar un grupo de jóvenes que sólo le daban dolores de cabeza. El más dotado y culto, con vocación social, era Judas Iscariote, que sin embargo tenía un defecto oculto y gravísimo: no era transparente, no tenía contacto con sus fantasmas mentales.

A pesar de los valles dramáticos y de los estímulos estresantes que Jesús atravesó, invitaba a las personas a beber de su tranquilidad: "Quien tenga sed, venga a mí y beba". O deliraba, o tenemos aquí a un maestro del autocontrol. En Getsemaní, momentos antes de ser prisionero, experimentó el ápice del estrés. Para la medicina, la hematidrosis, manifestada por el aumento de la presión sanguínea y por sudor sanguinolento, representa el punto más alto del colapso físico y mental. Lucas fue el único biógrafo capaz de notar esos síntomas; tenía que ser un médico para hacer tal diagnóstico. El maestro de maestros sufrió un estrés dantesco no porque se doblegara ante el miedo o la preocupación neurótica por su imagen social, sino porque se preparaba para soportar lo insoportable, y de forma distinta a cualquier otro ser humano.

Freud desterró de la familia psicoanalítica a quien estaba en contra de sus ideas, como Jung y Adler. Huyó del estímulo estresante, mientras que Jesús pasó por estímulos dramáticamente más potentes y se rehusó a huir de ellos. Los enfrentó y tuvo autocontrol. Y lo que lo agotó fue el hecho de haberlos enfrentado no como un depredador, sino como un poeta de la generosidad.

Quería mantener la serenidad aún en los valles de la locura, mantener el equilibrio a pesar de ser calumniado, reaccionar con blandura al ser abofeteado, mantenerse lúcido cuando fue azotado y, por más increíble que parezca para la psiquiatría y la psicología, rogar y hasta interceder en favor de sus torturadores cuando fue crucificado: "Padre, perdónalos, porque no saben lo que hacen".

Todo ese mecanismo de preparación condujo al cerebro de Jesús al ápice del estrés, pero él no se quejó; al contrario, retomó las herramientas de su mente y volvió a ser el líder de sí mismo. Sólo eso explica por qué, cuando Judas apareció con una escolta y lo traicionó con un beso, él le dijo "amigo". Jesús no tenía miedo de ser traicionado; tenía miedo de perder a un amigo.

El maestro de maestros sufrió un estrés dantesco no porque se doblegara ante el miedo o la preocupación neurótica por su imagen social, sino porque se preparaba para soportar lo insoportable, y de forma distinta a cualquier otro ser humano.

Es más: Jesús dejó atónita a la filosofía al hacer a Judas una pregunta: "Amigo, ¿a qué has venido?". La pregunta es el principio de la sabiduría en la filosofía. Las preguntas inducen la curiosidad, la interiorización, la reflexión y la elaboración de nuevas ideas. Él sabía por qué Judas estaba ahí, pero deseaba que éste rompiera la cárcel del síndrome del circuito de la memoria y reescribiera su propia historia.

A diferencia de millones de padres y profesores, Jesús valoraba a la persona que se equivoca más que al propio error. Nunca señalaba una falla en primer lugar; prefería enseñar a pensar. Al estudiar al maestro de maestros de la administración del estrés, acuñé esta frase: nunca alguien tan grande se hizo tan pequeño para convertir a los pequeños en grandes.

Si las religiones hubieran estudiado desde la perspectiva psicológica a aquellos que aman y enaltecen, este intrigante planeta azul no sería escenario de tantas guerras, sino un jardín de emociones saludables.

> *Al estudiar al maestro de maestros de la administración del estrés, acuñé esta frase: nunca alguien tan grande se hizo tan pequeño para convertir a los pequeños en grandes.*

Un maestro que administraba su mente

Por la tesis de las ciencias políticas, se podría suponer que Jesús usaría su poder, su elocuencia y su influencia para transformar a los hombres y mujeres en seguidores ciegos, pero para consternación de la sociología, él tenía el atrevimiento de pedir a las personas que no hablaran sobre sus hechos. Su madurez como administrador de personas era fascinante. Él sabía que el poder compra aduladores, pero no amigos; que la fama compra admiradores, pero no emprendedores; que el dinero compra la cama, pero no el descanso.

Como líder, Jesús soñaba con formar pensadores, no siervos. A los siervos hay que comandarlos, los pensadores son autónomos; los siervos se rebelan, los pensadores luchan por la causa hasta la última pizca de energía. Al contrario de muchos políticos de la actualidad, infectados por la necesidad neurótica de ser el centro de atención, el maestro de maestros no alardeaba de sus obras, amaba la discreción, hacía del silencio una poesía, del anonimato un instrumento para enseñar que las pequeñas cosas son el verdadero espectáculo del poder y de la realización.

Su sueño era hacer mucho con poco, comprar lo que el dinero no podía pagar, pues sabía que quien hace poco de mucho es un miserable; que quien necesita reconocimiento, aplauso, adulación, reflectores para sentir migajas de placer, es paupérrimo. Su proyecto era formar alumnos capaces de ser autores de su propia historia, que no tuvieran miedo del dolor, de las crisis, de las lágrimas; alumnos cuyo único temor fuera no usarlas para enriquecer su propia personalidad. Reitero: Jesús no buscaba alumnos ciegos, sino pensadores capaces de soñar con mejorar el mundo. Sabía que para sobrevivir en una sociedad estresante, no bastaba tener cultura, ética, seguir un manual de buena conducta; era necesario desarrollar la resiliencia.

La última cena

Jesús no se doblegó ante la decepción, la frustración, la negación, la traición. Al ser resiliente, jamás abandonó a sus alumnos, nunca dejó a los heridos en el camino, como hacemos nosotros con las personas que nos frustran. Hasta el último minuto, apostó todo lo que tenía por aquellos que poco tenían. El sueño espectacular de transformar hombres rudos y radicales en poetas de la solidaridad y de la tolerancia lo consumía.

Su comportamiento en la última cena fue fantástico. Jesús no debía tener ánimo para cenar ni para enseñar nada. ¿Usted se sentaría a la mesa con su traidor, y con una facción de personas que le darían las espaldas en el momento más difícil de su vida? Para asombro de las ciencias de la educación, él se sentó y fue mucho más lejos. No cerró el circuito de la memoria; al contrario, administró su estrés, abrió el abanico de su mente y tuvo la habilidad de dar lecciones inolvidables a sus alumnos, que con frecuencia lo decepcionaban.

Es probable que la última cena sea el evento más conocido de la historia, inmortalizado incluso por Da Vinci en su magna pintura. Sin embargo es, sin duda, el evento menos conocido desde el punto de vista de la psicología y de la psiquiatría. Estaban todos reunidos: el maestro y sus alumnos. El maestro sabía que estaba en sus momentos finales, pero creía que todavía tenía que dar lecciones inolvidables sobre la superación de cuatro tipos penetrantes de necesidad neurótica: de poder, de ser el centro de las atenciones sociales, de controlar a los demás y de tener siempre la razón.

Jesús estaba en el auge de la fama pero, de forma sorprendente, tomó una toalla y una vasija con agua, se inclinó a los pies de aquellos jóvenes y comenzó a lavarlos en silencio. Con eso, gritó de manera callada. El fenómeno RAM archivó ventanas saludables inolvidables en el piso de la corteza cerebral de sus alumnos. Pedro era agitado y ansioso. Juan era afectuoso, pero tenía una bajísima tolerancia a las contrariedades, su emoción era fluctuante. Tomás era paranoico, desconfiaba de todo y de todos. Todos ellos se quedaron atónitos. ¡Qué estrategia increíble para formar pensadores a partir de mentes inexploradas!

No obstante, toda elección implica pérdidas. ¡Jesús prefirió perder su *status* de maestro para elevar el *status* de la sabiduría de sus aprendices! ¿Qué hombre fue ese que usó técnicas pedagógicas admirables, hasta hoy desconocidas por la pobre educación cartesiana, especialista en formar mentes unifocales, repetidoras de información?

Cuando las palabras eran insuficientes, sus gestos ofrecían a los alumnos lecciones inolvidables. Si querían ser dignos del poder, tendrían que usarlo para servir a la sociedad, y no para ser servidos por ella. Si deseaban controlar el estrés, tendrían que superar la necesidad enfermiza de controlar a los demás. Si querían ser líderes sociales, tendrían que ser líderes de su propia mente. El mayor formador de personas de la historia sabía administrar su mente, prefiriendo sentarse en el fondo del auditorio, en un espacio sin honores, para ver a sus alumnos brillar en el escenario. Era una fuente de mentes saludables.

¿Es capaz de dar lo mejor de usted a los alumnos o a los hijos que lo frustran? Jesús sabía que nadie cambia a nadie. Sólo las personas pueden transformarse a sí mismas.

No intentó cambiar el pensamiento de Pedro o de Judas. Dejó que siguieran su curso, apenas estimulándolos a tener consciencia crítica. Necesitamos personas que vivan de manera suave y libre, que sean capaces de relajarse ante las propias crisis y de la insensatez ajena. Quien critica a quienes le fallan, termina por desistir de las personas que ama y, un día, podría desistir de sí mismo también, pues también se frustrará consigo mismo.

> *Quien critica a quienes le fallan termina por desistir de las personas que ama y, un día, podría desistir de sí mismo también, pues también se frustrará consigo mismo.*

13

La vida:

Un espectáculo de placer o de estrés

VIVIR ES UN CONTRATO DE RIESGO

En este libro, usted conoció parte de mi biografía. Antes de ser publicado en tantos países y que mis textos fueran usados como referencia en tesis de posgrado, tuve que encarar mi insensatez, reconocer mi ignorancia, lidiar con rechazos y descrédito, enfrentar mis derrotas y lágrimas. Sin resiliencia, no habría sobrevivido. Estaba desconcentrado, desequilibrado, no tenía un proyecto de vida. Era un pésimo alumno. Tuve que reinventarme.

Montañas y valles, inviernos y primaveras se suceden. La humillación de hoy puede convertirse en la gloria de mañana; y la gloria de hoy puede convertirse en un cálido anonimato. ¿Estamos preparados? ¿Usted lo está? Nada es seguro en la existencia humana.

Si quisiéramos desarrollar resiliencia e impulsar nuestros sueños y disciplina, debemos valorar la vida mucho más que al éxito, los aplausos, el reconocimiento social. Todo es efímero, pasa muy rápido.

Muchos científicos, antes de hacer grandes descubrimientos, fueron criticados, excluidos, hasta tildados de locos. Hubo grandes políticos que tuvieron éxito después de experimentar innumerables fracasos. Algunos empresarios alcanzaron su apogeo después de caer en la bancarrota, la escasez o la humillación pública.

Quien quiera el brillo del sol tiene que cultivar habilidades para superar las tempestades. Quien sueña con una felicidad inteligente y saludable tiene que ser resiliente para atravesar la oscuridad de la noche. No hay milagros. La vida es un gran contrato de riesgo, saturado de aventuras e imprevistos. Lo que vale la pena no viene gratis. La única certeza es que no hay certezas.

Si quisiéramos desarrollar resiliencia e impulsar
nuestros sueños y disciplina, debemos valorar
la vida mucho más que al éxito, los aplausos,
el reconocimiento social.

EL DRAMA ES LO POÉTICO: EJEMPLOS DE LÍDERES
QUE NO SE DOBLEGARON AL CAOS

De todos los materiales, el agua es el más resiliente. Sube a los cielos, desciende como gotas de lluvia, recorre cauces, se despeña en las cataratas, cabe con orgullo en el océano o con humildad en el contorno de los ojos. No se resiste a los obstáculos, se desvía sin quejarse. Deberíamos ser como el agua. Caemos, nos levantamos. Si nos ponen un obstáculo, lo rodeamos. Si somos excluidos, nos evaporamos, nos vamos hacia otros aires.

Sin embargo, si no entrenamos al Yo para lidiar con los dolores y las pérdidas de la existencia, somos esclavos de las ventanas *killer*. Andamos en círculos, pensando en nuestras penurias, gravitando en la órbita de ofensas, crisis y dificultades. Gastamos sin necesidad una enorme cantidad de energía. Con frecuencia no somos como el agua, sino como el vidrio: fuerte, firme y rígido, pero incapaz de soportar un trauma, que lo hace pedazos.

Quien desarrolla resiliencia endulza la vida, aunque ésta haya sido amarga; se vuelve generoso, aunque haya sido excluido; contempla lo bello, aunque no tenga motivos para ser feliz; juzga menos y se entrega más.

Giordano Bruno, filósofo italiano, anduvo errante por muchos países buscando una universidad donde exponer sus ideas. Fue exiliado, excluido, tildado de loco, pero no desistió de su proyecto de vida. Sin nadie que lo escuchara, buscó en su propio mundo abrigo para superar la soledad. Experimentó diversos tipos de persecución, que culminaron en su muerte.

Baruch Spinoza, uno de los padres de la filosofía moderna, fue exiliado de la comunidad por la convulsión causada por sus ideas. Llegaron a maldecirlo: "Maldito sea durante el día y maldito durante la noche; maldito sea acostado y maldito al levantarse; maldito al salir y maldito al entrar...".

El dócil pensador tuvo que aprender a desarrollar resiliencia en el más cáustico invierno de la discriminación. Triunfó sobre el prejuicio, el escarnio y los sórdidos valles de la exclusión social.

Immanuel Kant fue tratado como un animal por la incomodidad que causaban sus ideas a los radicales de su tiempo. A pesar del dramático estrés que vivió, no se abandonó, no se doblegó ante las calumnias, no dejó de defender sus ideas, no fue infiel a su consciencia. Como admirable profesor, enseñaba a sus alumnos a ser mentes libres y no encarceladas.

Voltaire también pasó por dramáticos rechazos, presiones e innumerables riesgos. Vivía en pleito con el filósofo Rousseau. Voltaire creía que el destino era una cuestión de elección, y no algo inevitable. El gran iluminista francés sufrió una fuerte oposición, pero sabía que los mayores enemigos no estaban en el ámbito social, sino en su propia mente. Sabía que, sin filtrar en forma mínima los estímulos estresantes, viviría ensombrecido, no por sus opositores, sino por sus fantasmas emocionales.

Voltaire, San Agustín, Spinoza, Kant, Sócrates, Sartre, Piaget, Freud, Vygotsky influenciaron a la humanidad no porque se levantaran en armas, sino porque entendieron que las ideas son más poderosas que las armas; que el pensamiento crítico es más penetrante que la más afilada de las espadas. Fallaron, lloraron, tuvieron noches de insomnio, pasaron por los valles de la infamia, pero incluso sin conocer las técnicas de la psicología moderna, las usaron por intuición para no permitir que el entorno estresante los controlara. Entendieron que los sueños sin disciplina producen personas frustradas y que la disciplina sin sueños produce autómatas, personas que sólo obedecen órdenes, y no son autónomos, personas que dirigen su propio vehículo mental.

Quien desarrolla resiliencia endulza la vida,
aunque ésta haya sido amarga; se vuelve
generoso, aunque haya sido excluido; contempla
lo bello, aunque no tenga motivos para ser feliz;
juzga menos y se entrega más.

Liberar nuestra imaginación, interiorizarnos, valorar la soledad creativa, ubicar nuestros conflictos son actitudes que nos estimulan a conquistar lo que es casi inconquistable: los suelos de la emoción. Como ya dije: algunos tienen fortunas, pero mendigan el pan de la alegría; tienen cultura, pero les falta el pan de la tranquilidad; tienen fama, pero no tienen un hombro amigo para llorar; son elocuentes, pero guardan silencio sobre sí mismos, no logran dialogar con sus contrariedades, sus miedos y sus manías; viven en casas confortables, pero no descansan, no disfrutan de su éxito (de éste disfrutarán sus hijos, sus yernos, sus nueras, sus amigos); valoran los derechos humanos, pero violan sus propios derechos, en especial respecto a ser feliz y saludable.

SORDOS A LAS SÚPLICAS DE UN CEREBRO ESTRESADO

Si vivir es una experiencia única, indescriptible, inimaginable, extraordinaria, compleja, saturada de misterios y, al mismo tiempo, regada de sorpresas y accidentes, deberíamos, en nuestra corta trayectoria existencial, buscar los más bellos proyectos de vida y tener la más impecable disciplina para ejecutarlos. ¿A usted qué le hace retroceder: el miedo a fallar? ¿A caer en el ridículo? ¿A la humillación? ¿A la crítica social? Nadie es digno de los aplausos si no aprende a soportar y a utilizar las críticas a su favor. ¿Qué metas motivan su Yo? ¿Por qué vale la pena vivir? ¿Qué sueños le controlan?

Yo me expuse en esta obra. Pasé más de un cuarto de siglo observando, analizando, transformando, produciendo conocimiento, corriendo como un loco detrás del proyecto de construir una nueva teoría sobre el funcionamiento de la mente, la construcción de pensamientos y la formación del Yo como administrador de la mente humana, así como persiguiendo el sueño de contribuir de alguna forma para que la humanidad sea más generosa e inteligente. Las lágrimas fertilizaron mi camino, los insomnios fueron mi cobija, los rechazos perfumaron mis días. No son los estímulos estresantes las que agotan al cerebro, sino lo que hacemos con ellos.

Thomas Edison hizo miles de intentos antes de llegar a su famosa lámpara eléctrica. Vivió el mundo oscuro del fracaso para lograr iluminar el mundo material. Recuerde que, Beethoven, un sordo, fue quien compuso la *Quinta sinfonía*;

la pasión loca e incontrolable por su sueños lo hizo oír lo inaudible en vez de doblegarse ante el sentimiento de impotencia. Todos los individuos que realizaron algo en la historia, incluyendo científicos, juristas, médicos, periodistas, educadores y tantos otros profesionistas que permanecieron en el anonimato fueron, en algún momento, abucheados, escarnecidos, calumniados y tachados de locos, obsesivos, obstinados. Eso porque se salieron de la curva.

Ser productivo, proactivo, osado y rebelde en relación con la cárcel de la rutina es una forma de domesticar el estrés. Una persona mal resuelta, no realizada, improductiva, agota su emoción con mayor facilidad. ¿Cómo? Reprochando, castigándose, exigiéndose demasiado a sí misma, ubicándose como víctima del mundo. El sistema social nos presiona a quedarnos dentro de la curva, a estar de acuerdo, a comportarnos e interpretar los eventos siempre de la misma forma. El Síndrome del Circuito Cerrado de la Memoria Psicoadaptativa (SCCMP) nos lleva a una monotonía interminable. El SCCMP es diferente del SCCM *killer*: éste produce un estrés agudo, mientras que aquel provoca un estrés crónico, continuo.

Permítame explicar ese fenómeno con más detenimiento. Como ya he dicho, cuando entramos en una ventana *killer*, por ejemplo, el miedo de hablar en público, el volumen de tensión cierra el circuito de la memoria, bloqueando miles de ventanas o archivos saludables que impiden que el Yo encuentre millones de datos para dar respuestas inteligentes. Éste es el SCCM *killer*. En ese caso, el Yo deja de ser pensante, deja de ser *Homo sapiens* y se vuelve *Homo bios*, un animal listo para luchar o huir, lo que genera un estrés intenso, aunque momentáneo.

En el SCCMP, no entramos en una ventana *killer* sino en un grupo de archivos que nos hace reaccionar siempre de la misma forma. Por eso lo llamo el "síndrome del atornillador". Durante toda la vida, la persona ajusta la máquina apretando siempre el mismo tornillo, sin saber que puede reinventarla.

Hay millones de alumnos y profesionistas asfixiados que no se dan cuenta de que les falta oxígeno emocional para respirar con libertad. Viven encarcelados por la rutina. No se reinventan, no se actualizan, no progresan. Deberían levantar las manos, cuestionar, debatir ideas, leer, crear, hacer de la escuela o del trabajo una cantera de sueños y oportunidades, pero son víctimas del Síndrome de Circuito Cerrado de la Memoria Psicoadaptativa. Viven estresados por el uso excesivo de smartphones, ocupados en entrar a las redes sociales, ansiosos de responder los mensajes que reciben.

Se olvidan de abrir la bandeja de mensajes de su mente y de su cuerpo. Su cerebro está agotado, su organismo sufre de fatiga excesiva, dolor de cabeza, molestias musculares, preocupación por el futuro, pero no escuchan esas señales y síntomas y, por lo tanto, no se envían a sí mismos este simple mensaje: "Voy a administrar mi estrés y a cuidar con cariño de mi salud emocional".

Como dichos individuos no toman una buena actitud, el cerebro, que está al límite, percibiendo que el Yo no asume el papel de administrador de la psique, cierra determinados archivos de la memoria. De este modo, tenemos los famosos blancos u olvidos, que en realidad son un intento de la mente de ser menos inquieta, de pensar menos tonterías y de tener menos preocupaciones. Desesperados, algunos individuos piensan que se están trastornando, sin saber que el cerebro los está abrazando con mecanismos instintivos.

¡MÁQUINAS DE PENSAR Y TRABAJAR, DESPERTAD!

La humanidad necesita más protagonistas que espectadores, más actores que intervengan en el escenario que audiencias pasivas que saben que la vida es fugaz, pero viven como si fueran inmortales. Por desgracia, las mentes estresadas entierran sus mejores sueños en los terrenos de su ansiedad.

En la novela *O vendedor de sonhos* (El vendedor de sueños) cuento la historia de uno de los hombres más ricos del mundo. Reyes lo adulaban, gobernantes se inclinaban ante él. Era un hombre ético, culto, inteligente, un notable emprendedor, sólo que acertó en lo trivial y se equivocó en lo esencial. Tenía tiempo para todo, menos para sí mismo y para las personas que amaba, como su esposa y sus dos hijos. Vivía el Síndrome del Circuito Cerrado de la Memoria, se psicoadaptó para ser una máquina de trabajar.

La humanidad necesita más protagonistas que espectadores, más actores que intervengan en el escenario que audiencias pasivas que saben que la vida es fugaz.

Fatigado, ansioso, estresado, al borde de un colapso nervioso, un día decidió saldar su deuda. Todo ser humano contrae deudas, por lo menos emocionales. El hombre programó un viaje en familia y prometió que a su regreso cambiaría su agenda, rodaría en la alfombra con sus hijos, correría entre los árboles, sería el mejor padre del mundo y el marido más encantador. Sus hijos estaban eufóricos. Su esposa volvió a tener brillo en los ojos. Ellos no querían su dinero, sino su presencia; querían lo que el oro no puede comprar.

El día del viaje llegó. Sin embargo, antes de irse, recibió un telefonema: había centenares de millones de dólares en juego. El hombre pidió disculpas a su mujer y a sus hijos, y les dijo que al día siguiente, tomaría otro avión y se reuniría con ellos. Los ojos de sus hijos se llenaron de lágrimas, la esposa bajó la cabeza. Otra promesa no cumplida. Y la vida es un gran contrato de riesgo. No hubo tiempo de que el hombre pagara su cuenta emocional: el avión en el que viajaba su familia sufrió un accidente...

El mundo se derrumbó sobre aquel hombre. Lloraba día y noche. Perdió lo que más amaba. Extravió lo esencial, se quedó con el resto: poder, *status*, fama, una fortuna incalculable. Se volvió un miserable viviendo en la más bella mansión. Deprimido, buscó la ayuda de psiquiatras, pero aunque existen moléculas para tratar la depresión (los antidepresivos), no existe ninguna para aliviar el sentimiento de culpa. Por eso es fundamental dar siempre una nueva oportunidad, a uno mismo y a los demás. Quien no aprende a perdonarse y a reinventarse, se destruye.

El hombre pensó en dejar de vivir pero, por fortuna, en vez de acabar con su propia vida, se dio una nueva oportunidad. En medio de un mar de lágrimas, se puso una prenda harapienta y unos pantalones rotos y salió por el mundo, como mendigo, en busca de la mayor de las direcciones, una que pocos encuentran: la dirección de sí mismo.

Daba pan de trigo a los hambrientos; procuraba dar el pan de la alegría y de la tranquilidad a los estresados y deprimidos; les vendía bolígrafos a los que habían perdido el sentido de la vida. ¿Bolígrafos? Sí, bolígrafos para que escribieran los capítulos más importantes de su historia en los momentos más dramáticos de su existencia. Así, el hombre se reinventó y se volvió un vendedor de sueños. Usó su dolor para construirse, no para destruirse. Más de una vez exaltó esa herramienta: controlar el estrés y usar el dolor para madurar, y no para castigar o empequeñecerse, hace toda la diferencia.

El vendedor de sueños llegó a las pantallas de cine brasileñas en diciembre de 2016. El director de la película, en nuestras largas conversaciones, me dijo algunas veces que filmar a ese complejo personaje era el mayor desafío de su carrera. Uno de los motivos es que su historia tiene un poco de la biografía de cada uno de nosotros. Es tan fácil acertar en lo trivial y equivocarse en lo esencial...

Usted y yo nos equivocaremos muchas veces, pero espero que no erremos en lo esencial. Espero que usted no tenga que atravesar el caos e ir a la bancarrota emocional para transformarse y valorar a las personas que ama. Espero también que usted no sea una máquina de trabajar, de pensar, de resolver problemas, sino un ser humano en construcción.

Por desgracia, en los cementerios están enterrados los mayores tesoros de la humanidad. Las más bellas canciones que los artistas nunca tuvieron el coraje de componer están ahí. Los poemas y las novelas más inspiradoras que jamás fueron escritos también yacen ahí. Las investigaciones más interesantes, las empresas más notables que nunca salieron del papel están enterradas con sus autores potenciales. En los cementerios están enterradas las personas que anhelaron ver días más felices y relajados, pero que no tuvieron tiempo para materializar sus sueños. Es una gran pena, un gran perjuicio para la humanidad.

Siempre debemos preguntarnos: ¿silenciaremos nuestros proyectos mientras la vida pulsa en nuestras venas? ¡Ensayar a diario actitudes como desacelerar la mente, comer con calma, caminar más despacio, hablar pausadamente, tener fines de semana solemnes, abrazar la almohada, enamorar a la cama, desenterrar los proyectos de vida, es una forma excelente de administrar la amistad, controlar el estrés y aplaudirle a la vida como espectáculo único!

La decisión es suya, y las consecuencias de sus decisiones, también...

FIN

Referencias bibliográficas

Adorno, Theodor W. *Educação e emancipação*. Rio de Janeiro: Paz e Terra, 1971.

Ayan, Jordan. *AHA! 10 maneiras de libertar seu espírito criativo e encontrar grandes ideias*. São Paulo: Negócio, 2001.

Bayma-Freire, Hilda A. y Antônio Roazzi. *O ensino público é um desafio para todos: encontros e desencontros no ensino fundamental brasileiro*. Recife: UFPE, 2012.

Capra, Fritjof. *A ciência de Leonardo da Vinci*. São Paulo: Cultrix, 2008.

Chauí, Marilena. *Convite à filosofia*. São Paulo: Ática, 2000.

Cury, Augusto. *A fascinante construção do Eu*. São Paulo: Planeta, 2012.

_____. *Gestão da emoção*. São Paulo: Benvirá, 2015.

_____. *Inteligência multifocal*. São Paulo: Cultrix, 1999.

_____. *O código da inteligência*. Rio de Janeiro: Ediouro, 2009.

_____ *Pais brilhantes, professores fascinantes*. Rio de Janeiro: Sextante, 2003.

Descartes, René. *O discurso do método*. Brasilia: UnB, 1981.

Doren, Charles Van. *A History of Knowledge*. Nueva York: Random House, 1991.

Foucault, Michel. *A doença e a existência*. Rio de Janeiro: Folha Carioca, 1998.

Freud, Sigmund. *Obras completas*. Madrid: Editorial Biblioteca Nueva, 1972.

Fromm, Erich. *Análise do homem*. Rio de Janeiro: Zahar, 1960.

Gardner, Howard. *Inteligências múltiplas: a teoria na prática*. Porto Alegre: Artes Médicas, 1994.

Goleman, Daniel. *Inteligência emocional*. Rio de Janeiro: Objetiva, 1995.

Hall, Calvin S. y Lindzey Gardner. *Teorias da personalidade*. São Paulo: EPU, 1973.

Huberman, Leo. *História da riqueza do homem*. Rio de Janeiro: Guanabara, 1986.

Jung, Carl Gustav. *O desenvolvimento da personalidade*. Petrópolis: Vozes, 1961.

Lipman, Matthew. *O pensar na educação*. Petrópolis: Vozes, 1995.

Morin, Edgar. *Os sete saberes necessários à educação do futuro*. São Paulo: Cortez, 2000.

Piaget, Jean. *Biologia e conhecimento*. Petrópolis: Vozes, 1996.

Sartre, Jean-Paul. *O ser e o nada*. Petrópolis: Vozes, 1997.

Steiner, Claude. *Educação emocional*. Rio de Janeiro: Objetiva, 1997.

Yunes, Maria Angela Mattar. *A questão triplamente controvertida da resiliência em famílias de baixa renda*. Tesis de doctorado en Psicología de la Educación. Pontifícia Universidade Católica de São Paulo, São Paulo, 2001.

Carta abierta a los padres y profesores

Estamos contribuyendo al asesinato de la infancia y de la juventud en todas las naciones modernas. Hemos saturado a nuestros hijos y alumnos con actividades, juegos, cursos, computadoras, internet, videojuegos, celulares y horas ante la televisión. Es una generación que no tiene tiempo para jugar, para aventurarse, para interiorizarse y mucho menos para lidiar con frustraciones. Estamos ante la generación más triste que ha pisado esta Tierra, aunque tenga acceso a la más poderosa industria del entretenimiento. Los niños y jóvenes necesitan muchos estímulos para sentir migajas de placer. No es sin motivo que ha ocurrido la infantilización de la emoción. Jóvenes de 20, 30 años tienen una edad emocional de 10, o 12 años: no saben pensar antes de reaccionar, ser criticados, adaptarse a las pérdidas, reinventarse ante las crisis, luchar por sus sueños.

Queridos padres y educadores, debemos estar conscientes de que sin la infancia se pierde la mejor etapa de la vida para formar las plataformas de ventanas *light* (archivos saludables) en la memoria de nuestros hijos y alumnos para el desarrollo de una mente libre y de una emoción saludable.

Sin una infancia rica, el Yo de los niños y los jóvenes, que representa la consciencia crítica y la capacidad de elección, no desarrollará sus habilidades para convertirlos en los autores de su propia historia.

El sistema educativo mundial está enfermo. Se enfoca en las funciones cognitivas, como memoria, raciocinio, habilidades técnicas, pero trabaja poco las habilidades socioemocionales, en fin, las importantísimas "funciones no cognitivas" que son vitales para el futuro de nuestros jóvenes, como proteger la emoción, administrar los pensamientos, la capacidad de ponerse en el lugar del prójimo, de exponer y no imponer sus ideas, de trabajar las pérdidas y frustraciones, ser proactivo, construir relaciones saludables. Esas habilidades son mucho más complejas que enseñar simples valores, como honestidad y respetabilidad.

Haga un pequeño test sobre el agotamiento cerebral de sus hijos y alumnos. Pregúnteles si despiertan cansados, si tienen dolores de cabeza o musculares, si sufren por anticipación, si tienen dificultades para dormir, si son poco tolerantes con las personas lentas, si tienen la mente agitada y déficit de memoria. Le darán ganas de llorar al hacer esta simple prueba en casa o en el salón de clases. Muchos de los niños y los jóvenes, aunque asistan a escuelas con mensualidades muy elevadas, tienen varios de esos síntomas.

Esos síntomas revelan que los niños y adolescentes están desarrollando un nuevo síndrome, el Síndrome del

Pensamiento Acelerado (SPA) que describí en el libro *Ansiedad: cómo enfrentar el mal del siglo.*

Pensando en una manera de ayudar a los niños y jóvenes de todo el mundo a conocerse mejor y a convertirse en adultos más equilibrados y emocionalmente saludables, escribí la serie Petrus Logus, que narra las aventuras de un joven e inteligentísimo príncipe que debe salvar al mundo de la destrucción y, al mismo tiempo, lidiar con sus propios sentimientos y prejuicios. Este libro es también una llamada de alerta sobre las consecuencias del calentamiento global. Formemos juntos a miles de Petrus Logus, líderes brillantes que cambiarán el mundo. La serie está ya en su segundo volumen, y el primero, *Petrus Logus, el guardián del tiempo*, llegará en breve a las pantallas cinematográficas. Espero, con esa obra, contribuir todavía más con nuestra tan necesitada sociedad.

Esta obra se imprimió y encuadernó
en el mes de marzo de 2019,
en los talleres de Impregráfica Digital, S.A. de C.V.,
Av. Coyoacán 100–D, Col. Del Valle Norte,
C.P. 03103, Benito Juárez, Ciudad de México.